『坂の上の雲』の幻影

〝天才〟秋山は存在しなかった

木村勲
KIMURA Isao

論創社

はじめに

『坂の上の雲』のことを考えている。『坂の上の雲』現象を、という方が正確と思う。むろん二〇〇九（平成二一）年のテレビ・ドラマ放送前後から起こった状況をいっている。

ことは一つの小説という枠を越えてしまったようだ。では、文化論か、文明論かと問われれば、わたしの能力を超えたことで口幅ったくてそうだなんていえない。だから現象といった。その構成要素を分析的に見ていきたいと思っている。従って作品論ではない。口幅ったいついでにいうと、二〇〇六（平成一八）年に『坂の上の雲』にかかわる『日本海海戦とメディア——秋山真之神話批判』（講談社選書メチエ）という本を出した。高名な作家のその作品に対して、批判といえば批判本だ。すでに無謬性ともいえる権威をもっていた作品に対して、根底の事実関係の違いと、それなのに栄光談としてのみ成立させた当時のメディアの問題をついた。

小説が事実と違うということで責められる筋合いは本来ない。わたしはメディアの問題に力点をおいて書いた。もとより蟷螂の斧であり、大して売れもしなかった。勉強不足もあった。そのこともあるが、そのときとはレベルの違うブームといえる現状に対して、ついまた筆をとった。出版社の新聞広告によると累計一九〇〇万部だそうだ。ちょっと実感がつかめない、雲の上の数字。「極上の青春論にして、最上のリーダー論」、そして一回り大きい活字で「不滅の国民文学」――司馬遼太郎（一九二三～一九九六）なのである。

二〇〇九年暮れ、一一月二九日がNHKの第一回放送だった。すでにその半年以上前から放映を見込んだ本・雑誌の刊行が始まった。秋口に入ると雑誌を中心に雨後の筍とも見えるラッシュとなった。むろん視聴率アップと原作販売の相乗効果を狙った、放送と出版の戦略がある。メディアの時代の周知の仕掛けと知りつつ、こちらも関心があるのでついつい買った。が、じきにやめた。

原作のストーリーに則しつつ、主人公である海軍参謀・秋山真之《さねゆき》を軸に日本海海戦栄光の勝利、その天才的作戦の図解、華麗なる人脈、ゆかりの地への感傷紀行――と、パターン化しているのである。当然とはいえ、物語に寄り添った賛美調である。なかには、作者の意に反すると思われる、軍国主義的なキナ臭さを感じさせるものもある。一方でこれらに批判的立場からのものも少数派ながらあった。ただし、こちらにしても粗雑な論で首を傾げざるを得ないものがあった。個別には中庸を得たというか、冷静な比較小説論もあったことは付記しておく。

司馬氏の執筆時には閲覧ができなかった軍の極秘史料がある。その史料を読んでわたしは前著『日本海海戦とメディア』を書いた。そこには天才のストーリーとは異なる世界があった。見込み違いがあり、危うい不手際があった。軍はそこから率直に学んで反省の糧とすることがなかった。逆に隠蔽し、改竄・偽造を行った。そこに真の問題があった。国家権力の一つの軸、海軍という巨大組織に生じたそういう体質は、軍のみならず、昨今の不祥事に見るように、歴史の流れのなかで国家の諸組織に根深く浸透して行ったように思う。いま世に流布する日露海戦のイメージは、そうして意図的に作られたものの上に成立している。司馬氏の作品もその範疇内にあり、その最もスマートな完成型といえる。誤解のないようにいっておくが、小説の価値が事実性にあるなどといっているのではない。小説は自由である。

ただ、高まる作者の権威のもと、無謬の聖典視さえ生じている昨今（作者自身が望んだことかどうか）、その権威性が作者自身の唱える「国の形」論にまで結びつき、あるいは結びつけられ、あるべき国のモデルとさえ観念されていく。仮想の〝事実〟が本当のこととして通ってしまうこと——まさにメディア効果——そういう現象を一度立ち止まって考えて見たい、ということだ。TVドラマは二〇一〇（平成二二）年末に第二部、さらに一一（平成二三）年度の第三部まで続くそうだ。じつは作品に絡めた海戦論は前世紀末から続いていたのであり、映像化を契機に改めて活性化した経緯がある。それが「現象」の中核部である。

　いくつかの論を紹介しながら、必要なときは原作『坂の上の雲』に立ち返り（その限りで作品論的になるところもある）、現象の分析・検証をしたい。賛美本、批判本とも対象にするが、丸ごとの迎合本を割《さ》いても仕方がないので、割き甲斐のある批判本とされるもの（にある誤り）に力を入れたい。知の惨状が見えやすいからだ。つねに極秘史料（『極秘・明治三十七八年海戦史』）を参照していく。また作品を導いた島田謹二（一九〇一～一九九三）の仕事も視界に入れておく。本文では敬称を略させて頂く。

二〇一一年春

著　者

『坂の上の雲』の幻影——〝天才〟秋山は存在しなかった　目次

第一章　極秘戦史のインパクト

1　中村政則著『「坂の上の雲」と司馬史観』について

『坂の上の雲』は一九六八（昭和四三）年四月から七二（昭和四七）年八月までの四年余、サンケイ新聞に掲載された。高度成長の最盛期であり、前作の『竜馬がゆく』（一九六二〜六六年）とともに司馬遼太郎の代表作として挙げられることが多い。周知のように正岡子規と軍人の秋山好古《よしふる》・真之《さねゆき》兄弟の三人を主人公とした日露戦争の物語である。子規が病死で退場したあと、二兄弟を通した陸軍・海軍の話が展開されていくが、最後の日本海海戦をハイライトにもちこむ展開から、実質主人公は真之（このとき聯合艦隊参謀）と見ていいだろう。これまで東郷の英断として語られてきた同海戦勝利の主役の位置に、秋山を配したところに司馬作品の特徴がある。

この作品から九年後の一九八一（昭和五六）年、海軍軍令部編纂の『極秘・明治三十七八年海戦史』の存在が明らかにされた。日本海海戦研究上の画期的な出来事である。防衛大学校助教授・田中宏巳がこの年六月刊の『季刊軍事史学』第六五号に「日露戦争資料の解題と目録（2）」と題してレポートしたことによる。それによると同戦史は全一二部一五〇冊（後に全一四七巻、うち印刷されたのが一一六巻としている）からなり、戦争終結の一九〇五（明治三八）年末から一一（明治四四）年までの六年間、延べ一〇六名のスタッフで編集作業が行われたという。編集長・主筆役を務めたのが後に東郷平八郎の側近中の側近となる小笠原長生《ながなり》であり、編集員のなかに日本海海戦を描いた名作として名高い『此一戦』（明治四四年）を書いた水野廣徳《ひろのり》がいた。

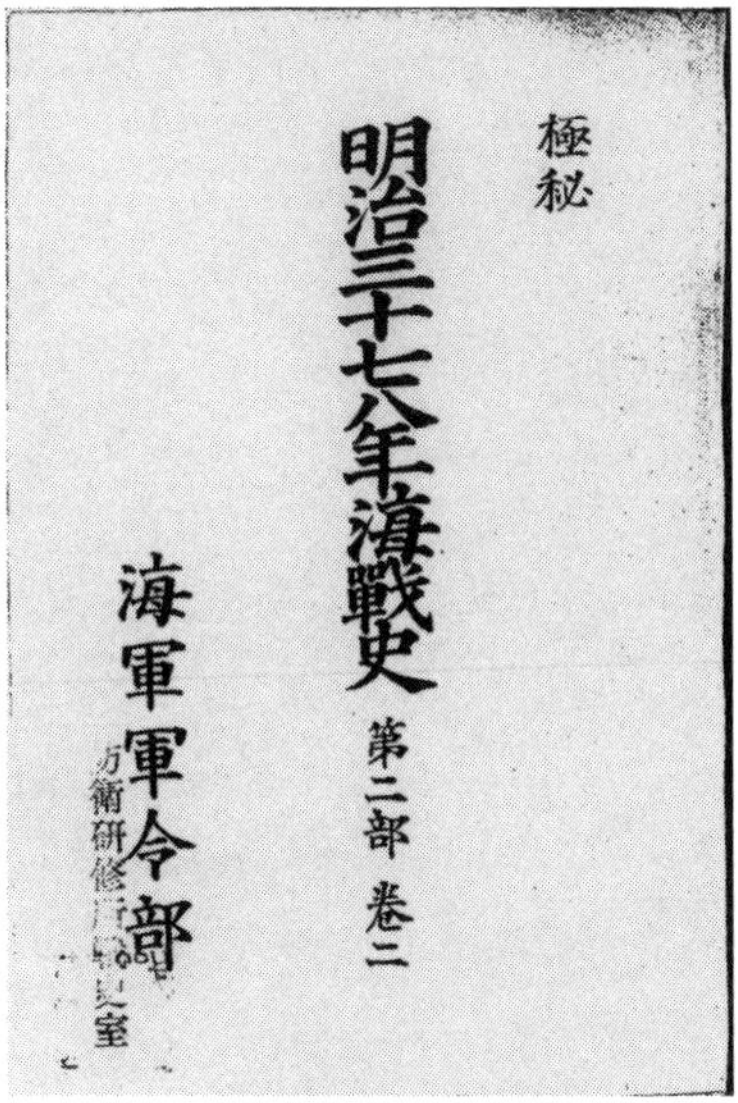

『極秘戦史』の表紙

この戦史の公開を契機に長く信じられてきた海戦談とは異なる海戦像が次第に描かれるようになっていく。ただ、田中はなぜか肝心の史料名の「極秘」を落として、「明治三十七八年海戦史」と記している。各史料の扉中央に「明治三十七八年海戦史」と書き、その右上にやや小さくはあるが「極秘」と明記されているのに、である。左下には

「海軍軍令部」とある。田中は「新資料の発見」と書くが、その場所（目黒の防衛研修所）も明記していない。これらのことは「極秘」指定から来る心理的プレッシャーが研究者になお存在していたことをうかがわせる。

実際にこの戦史を使った最初の論文は翌一九八二（昭和五七）年六月、同じ雑誌（第六九号）に載った防衛研修所第二戦史研究室長の野村実（後に防衛大学校教授）の「日本海海戦直前の密封命令」であった。野村はこの論文で『極秘・明治三十七八年海戦史』と書き、この表記が定着していくようになる。田中はその後、「秘密版『明治三十七八年海戦史』」と表記するようになるが、この改変はやや問題がある。当然野村が正しい。それが事実だからだ。

軍令部からはもともと『明治三十七八年海戦史』が明治末に公刊されており、それが日露戦役における海軍の正史と考えられてきた（以後、『公刊戦史』と略す）。ところが、この『極秘・明治三十七八年海戦史』（以後、『極秘戦史』と略す）の登場により、『公刊戦史』は肝心な所、より正確に言えば、都合の悪いところを抜き去って建前的な記述をした、『極秘戦史』の超サマライズ版であることが明確になっていく。わたしは主要な戦闘について両戦史をつきあわせて精読したが、『公刊戦史』は単なる建前記述では済まない、明白な改竄・隠蔽が行われていることをつきとめ、二〇〇六（平成一八）年に『日本海海戦とメディア——秋山真之神話批判』として刊行した。『極秘戦史』の公開化は、同戦史以前の仕事である司馬作品にどういうスタンスをとるかという課題を、それぞれの研究者に必然的に課すことになった。

さて二〇〇九（平成二一）年秋口から始まったテレビ・ドラマ化に便乗した雑誌を中心とした刊行ラッシュ——どう勘違いされたかわたしに声をかけてきたところもある——のなかで、放映直前の一一月中旬に刊行されたのが、中村政則の『「坂の上の雲」と司馬史観』（岩波書店）である。カバーには「史実と小説の微妙な関係を歴史学の光で照らし出す」とある。アカデミズムとして雨後の筍の勢いのそれらとの違いを強調しているのだろう。著者は進歩派、それもマルクス主義史学の一方の伝統を担った、論の筋を通す研究者としてわたしは敬意の念で認識してきた。筍に食傷していた折しもホッとした気持ちであった。やっとまともな論に出会えるという期待感をもった。

中村はすでに一九九七（平成九）年、『近現代史をどう見るか——司馬史観を問う』（岩波ブックレット）で前年の司馬の死去から生じた没後第一期ブームともいえる時期に、「明るい明治と暗い昭和」と彼が規定した「司馬史観」を軸に批判を行っている。これをほぼそのまま収録したのが『「坂の上の雲」と司馬史観』の第三章「近現代史をどう見るか」であるという。一章、二章が陸・海戦に関わる各論（秋山兄弟と正岡子規の話）とすれば総論的位置を占めるようになっている。わたしは書評では読んでいたのだが、今回初めて本文を読んだ。前著（『近現代史をどう見るか』）の刊行当時、怒濤のような第一期ブームを、わたしは新聞記者としてメディア内部から（ある部分かかわりながら）見ていた。そういう身として、敢然と批判的論を展開したその刊行を見識あるものと、まぶしい思いでさえ見ていた。実際に読んでいて小気味いい叙述がある。

「司馬遼太郎を批判する人はほとんどいない。誰もが司馬を「神様」のように扱い美辞麗句を連ねるだけである。その傾向は最近、いっそう顕著になったように思う」。また第一章には、「司馬遼太郎の過剰表現、勘違い、作為を明確に指摘する評論家はほとんどいない（中略）仮に司馬批判を行う場合でも「司馬さんに申し訳ないが……」などと断ってから司馬批判を行う評論家もいる。要するに、司馬を論じた九割以上はオマージュ（司馬礼賛）で埋め尽くされているのが現状だ」。司馬が多くの資料を読んでいるのを認めながらも、「小説としては当然かもしれないが――出典（典拠）示すことはあまりないので、反証することは難しい」と、中村が「日本近現代史の専門家」としての違和感を述べる指摘は胃の腑に落ちるものであった。

　ところが、である。一、二章と読んできたわたしは、すでにがっかりであった。より正確には、ア然とした状態であった。例えば――

「一九八二年に発見された『明治三十七八年海戦史』（全一五〇巻）という資料によると……この資料は防衛庁防衛研究所に所蔵されており、長く防衛庁戦史編纂官として研究していた野村実氏が発見したものである。この新資料にもとづき、野村氏は「密封命令」「T字戦法」について『軍事史学』（一九八二年、のち『日本海海戦の真実』所収）に執筆した」（七八頁、傍点引用者）。既述のようにこれは事実と違う。発見（適切な表現とは思えないが）は田中宏巳で八一（昭和五六）年六月に「目録・解題」を、そして八二年六月に野村が論文「日本海海戦直前の密封命令」をいずれも『軍事史学』に発表したのだ。野村はその〈注〉で前年の田中レポートについて明記するとともに、戦史が太平洋戦争後、宮内庁から防衛庁に引き渡され保管されていた旨を書く。「保管」であり、内部では慎重な扱いをしてきた周知のものであることを示唆する。

　両者とも浮かばれまい。なお野村はこの論文ではT字戦法について触れていない。丁字戦法に触れたのは『日本海海戦の真実』（講談社現代新書、一九九九年）においてである。戦史名を中村が『明治三十七八年海戦史』と表記するのは、〇九年時点では無神経といわざるを得ない。「歴史学と文学の違いは、資料の扱い方が根本的に違う」（六〇頁）とも書くが、これが歴史学のやり方なのだろうか。

「密封命令」とは、バルチック艦隊がいよいよ日本列島に接近してきたとき、それが日本海（対馬）コースをとるか太平洋コース（津軽海峡）をとるか、司令部内で見解が割れたなかで、東郷平八郎が聯合艦隊の津軽への移動を告げた命令書（指定時刻に開封するよう密封状態で渡される）のことだ。「津軽転位」問題として海軍内でひそかに語られることになる。実際には出した直後にバルチック艦隊の対馬コース入りが明確になり自然消滅となった。戦後、東郷はそんな命令書は知らんとシラを切ったことが、野村の『日本海海戦の真実』で詳述された。このとき津軽移動を強く主張したのが第一戦隊の秋山真之らであり、抵抗して食い下がり発令時間を遅らせたのが対馬コースを主張する第二戦隊（第二艦隊所属）の嶋村速雄・藤井較一らだった。司馬の死後三年に刊行された本である。『極秘戦史』に拠る初の明確な成果であり、むろん『坂の上の雲』にはない話だ。

野村は平均船速から考える論理派の秋山と、海上経験を重視する嶋村・藤井の違いを指摘し、もしいち早く北方移動していたら「日本海海戦がまったく違う結果を招いたことも大いに想像できる」と書く。重大な判断ミスに至りかねないところであった。これは司馬が造形した英才・真之像への待った――のメッセージに違いないのだ。いま主流を占める真之賛美本には北方移動主張は明確に書かれていないが、一九三一（昭和六）年に郷里の松山で刊行された『世界的偉人 秋山真之将軍』（松田秀太郎編、向井書店）には、無署名だが松田と思われる筆者による一章「秋山参謀秘史」のなかに、「我が艦隊の北海移動説は秋山参謀に依つて提唱せられた」と書かれている。管見の限り秋山の北方移動主唱を明記した（野村は秋山の可能性が高いという表現で、明言ではない）唯一の史料である。この本は秋山の一汁一菜の質素な生活ぶりや正岡子規との交友など幼少時のエピソードを紹介しており、後々の真之譚のルーツとなることは後述する。

2　右往左往の「作戦」変更

野村実著『日本海海戦の真実』はもう一つ重要なデータを提示している。「戦策」、つまり作戦である。巷間、日本海海戦といえば「T字戦法」というほど著名な作戦が伝えられる。

同書で初めてそれを含む聯合艦隊の作戦（戦策）が明らかにされた。むろん『公刊戦史』には一切書かれなかったことだ。ただ、野村は「密封命令」に力を注いだようで、戦策についてては平板で簡単な分析・紹介にとどまっている。わたしには食い足りない思いが残り、『極秘戦史』を自分で読んでみようという気持ちが起こり、結果的に前掲の拙著（『日本海海戦とメディア』）となった。野村分析を飛ばして直接わたしの論で一連の戦策——有為転変の一連である——について書かせてもらう。既に入手しにくくなっていることもあり拙著の要約で行う。

まず一九〇四（明治三七）年二月八日の開戦一カ月前、東郷名で「一月九日戦策」が出た。「丁字戦法」があり、確かにそれを軸に説かれている。「丁」において縦棒が進んでくる敵艦隊、自艦隊は上の横棒となるような位置をとり、側面の全砲を敵の先頭艦（旗艦）に集中する——大将の首をとれというわけだ。横棒の自艦隊とは別のもう一艦隊で、相手を後または横から挟み撃ちにする形のときは「乙字戦法」となる。秋山真之が考案したという説には早くから異論も出されているが、ともかく彼が主唱者の一人であり、少なくとも戦策の記述者であったことは間違いない。

ところが〇四（明治三七）年中に、黄海で旅順を基地としたロシア旅順艦隊との何回かの海戦で試みるがうまくいかない。とくに八月一〇日の黄海海戦ではみごとにタイミングを外され、後方をすり抜けられてしまう。参謀長・嶋村と秋山の間で口論があり、三分間の舵の切り遅れが生じたのだ。これは秋山自身が後年の自著『軍談』（大正六年）で語るところであり、少なからずの証言がある。追走状態となるが追いつかない。

じつはロシア旅順艦隊は長らく日本軍による海陸からの包囲下の苦境にあり（乃木第三軍による地上包囲網が七月末までに完了）、出港目的は戦闘ではなく、朝鮮半島をぐるりと回ってのウラジオストック港への駆け込みであった。夕刻、遠距離からの一弾がたまたま旗艦ツェザレヴィッチに命中し、司令長官ウィトゲフトが戦死。ここで同艦隊は舵を旅順に戻し、そこに閉じこもる。一〇月、援軍のバルチック艦隊がバルト海を発つ（翌年元日、第三軍の二〇三高地からの砲撃で旅順陥落、旅順艦隊も潰滅した）。

丁字作戦の外れに一番こたえたのが東郷であったのは間違いない。後年の弁、「あの海戦ほど骨のおれた戦いはなかった……五月二七日の日本海海戦こそ（それに比べれば）なんでもない」（『山梨勝之進先生遺芳録』から）は、虚を衝かれた恐怖を語っていると見ていい。もしロシア旅順艦隊のウラジオへの駆け込みが成功していれば、日本海海戦での日本艦隊はバルチック艦隊及びロシア旅順艦隊と同ウラジオ支隊を含めた優に二倍以上のロシア艦隊に、南北から挟み撃ちにあう形になっていたはずなのだ。「今度は近い距離で、同航戦で」（同）という、ここは正直な東郷の弁に違いない。同航戦とは相手に併走しながら砲戦を行うことであり、逆に双方がすれ違う形での砲戦が反航戦である。むろん雌雄を決する戦い方は、持続的な戦闘となる同航戦でなければならない。

東郷には一九〇四（明治三七）年二月の開戦直前に、明治天皇から東洋に在るロシア艦隊の全滅を命ずる「大海令」第一号が出ていた。従ってウラジオ入りを目指すバルチック艦隊には同航戦を採るしかない、ということだ。東郷は、反航戦も織り込んだ丁字戦法は双方が土俵にあがって仕切るような戦闘の場合はともかく、相手が土俵にこだわらず、むしろ走り抜けを期す場合は取り逃がす危険が大きいという痛切な認識を八月一〇日にしたのだと思う。管見の限り日本海海戦について、側近の広報マン・小笠原はともかく、東郷自身は生涯「丁字戦法をとった」とはいっていない。八月一〇日の黄海海戦は、丁字戦法が外れたということで今や日本海海戦理解のキー命題になっている。『坂の上の雲』はこの黄海海戦の様子について全く触れていない。ただ彼我の戦力差（戦艦数で劣る上、上村艦隊の不参加）があり、東郷にとってつらい戦いであったと簡単に結末を書くだけである。なお上村彦之丞の第二艦隊はこのとき対ウラジオ艦隊作戦をしており、霧のなかの捕捉ミスが続き、そのことが妙に詳細に発表されて新聞で袋叩きにあっているときであった。

開戦二年目の一九〇五（明治三八）年春、対バルチック艦隊作戦として「四月一二日戦策」が出る。前文（総論）で「第一戦隊（注＝三笠、朝日、敷島、初瀬、富士、八島の一万三〇〇〇～一万五〇〇〇トン級、主砲口径三〇センチの六艦）は敵主力に持続戦で当たり」とある持続戦とは、同航戦のことである。そして「第一、第二戦隊（注＝出雲、吾妻、浅間、八雲、常磐、磐手

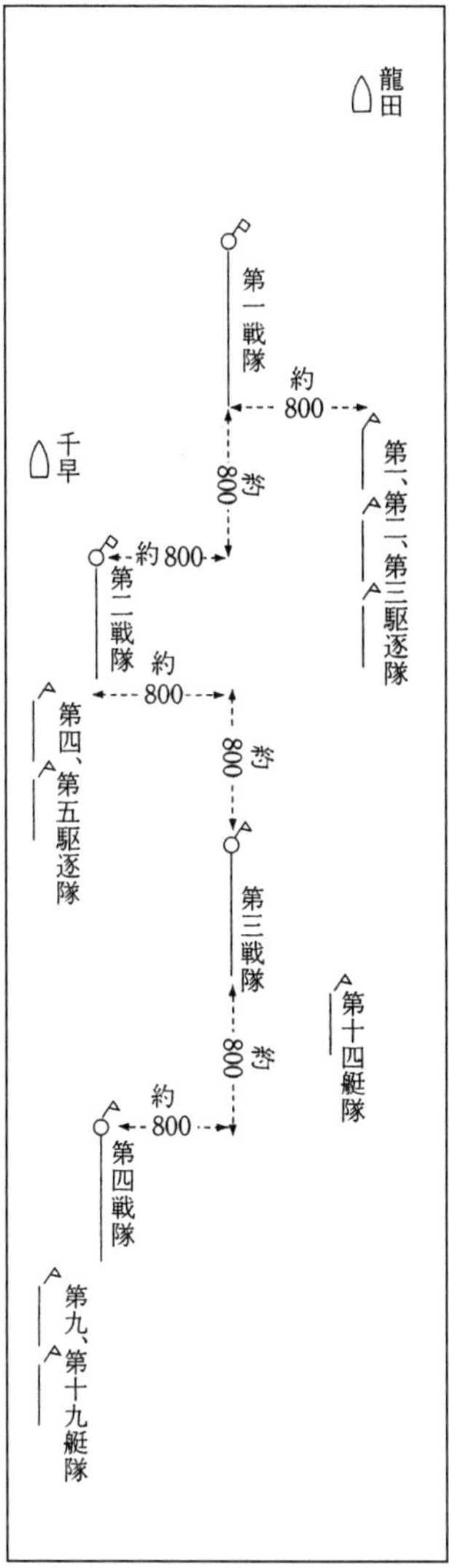

【図a】四月一二日（機密第二五九号）の戦闘序列

の九〇〇〇トン級、主砲二〇センチの六艦）の全力を挙げて敵の主力を撃滅す」、第三戦隊（注＝笠置、千歳、音羽、新高の五〇〇〇〜三〇〇〇トン級の巡洋艦と通報艦「竜田」）以下は「敵の手足たる巡洋艦を極力撃滅せしめ」とあり、この順番、つまり砲撃力が最強の第一戦隊を先頭に、以下弱くなる順の戦闘序列が図示される【図a】。明快である。

各論部の一項として「単隊の戦法は丁字戦法」が出てくる。個別の戦闘状態になったときは適宜、丁字でということだが、前年の「一月九日戦策」に比べ丁字戦法が脇に後退しているのが見てとれる。丁字と乙字の組み合わせにつきものの「反航」という言葉も皆無。わたしは東郷の意を踏まえた嶋村の提案と見ている。後述するが、明らかに東郷はこの段階で秋山にやや距離をおいているのである。夜戦については駆逐隊・水雷艇隊に委任すると書かれていた。

ここから朝令暮改のような戦策変更が始まる。秋山の自己主張である。九日後に出た「四月二一日改定追加戦策」で戦闘序列は、逆転して第三戦隊、第二戦隊、第一戦隊の順となる【図b】。第三戦隊は前哨・遊撃的任務で、敵が優勢なら通り過ぎて（つまり「反航」して）敵の後続（弱小）部隊を攻撃する。実質の先頭部隊は第二戦隊となる。直接にはこれが第二戦隊の反発を引き起こしたと見ていい。敵の主隊、つまりスワロフ以下の戦艦群が先頭で現れれば（実際そうだった）、装甲巡洋艦隊の第二戦隊はひとたまりもない。

本戦の日、例のUターン（敵前回頭）後、日本艦隊はバルチック艦隊に数分遅れで砲撃を始めるのだが、この間、「少なくとも三百発以上が飛んで来て、それがみな三笠に集中されたのだから、まだこちらが一弾も打ち出さぬうちに多数の損害も死傷もあった」と秋山自身が『軍談』で書いている。『公刊戦史』も、被害は三笠が「被弾三十余個、前部司令塔もその被害を受け、あるいは一門全部の砲員を殺傷され、煙突を貫通され……戦死八名、重軽傷

【図b】四月二二日（機密第二五九号の二）の戦闘序列

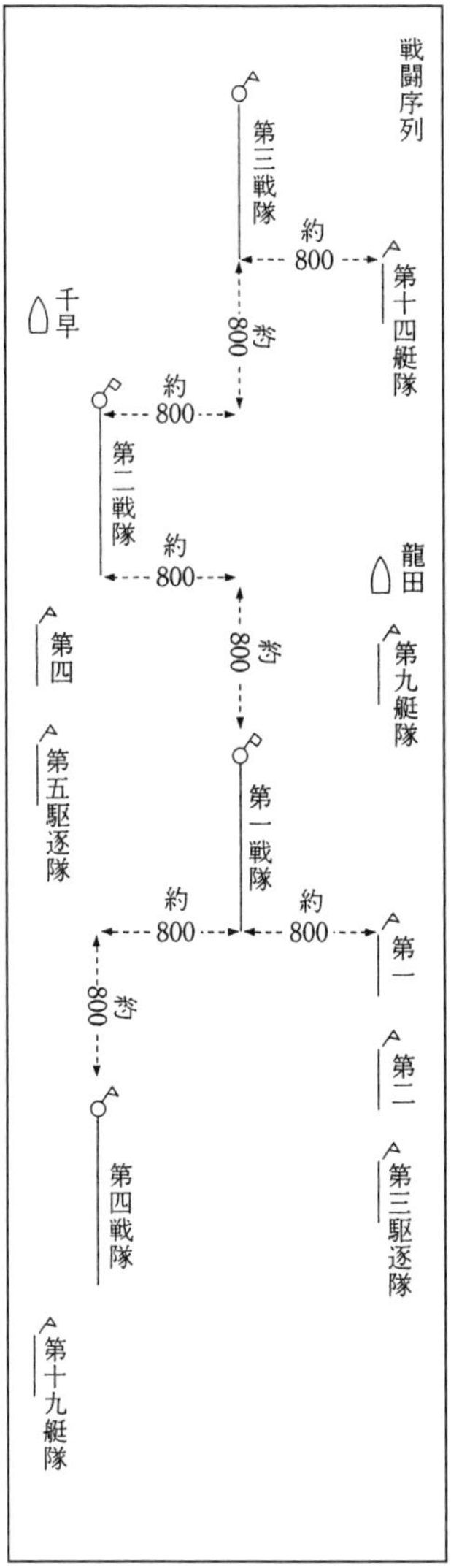

九十八名」と。二番艦・敷島は「被弾約十個、一門全部の砲員を殺傷され、檣楼を貫通され、十二名戦死、二十名負傷」。三番艦・富士は「被弾十一個、舷側を貫かれ、八名戦死、十七名負傷」。四番艦・朝日、「被弾数発、七名戦死、二十二名負傷」。五番艦・春日、「被弾数発、七名戦死、十八名負傷」。列端の六番艦・日進には「三笠に次いで弾が集中、三門の主砲が破砕され、五名戦死、八十五名負傷」という状況だった（負傷者の中に左手指二本を飛ばした少尉候補生・山本五十六がいた）。「三笠」以下は戦艦だから（もっとも初瀬・八島はすでに失われており列後尾の春日と日進は装甲巡洋艦）耐えたが、ずっと薄手の装甲の「出雲」以下の第二戦隊がその位置にいたら実際どうなっていたか。

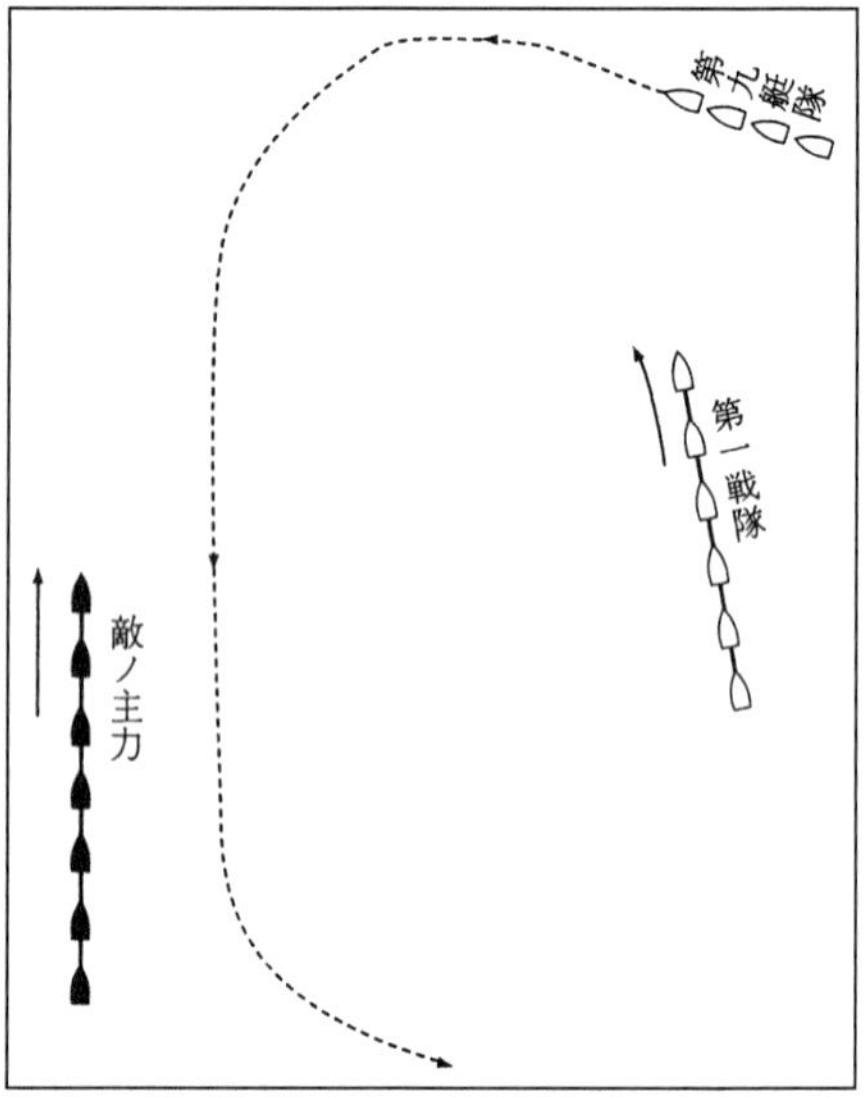

【図c】四月二一日に現れた水雷作戦

この「四月二一日戦策」にはさらに四隻編成の水雷艇隊（第九艇隊）の記述が突如現れる。

これが敵と同航している第一戦隊の前方を横切り、Uターンして敵艦隊との間に反航の形で割って入り水雷攻撃を加える【図c】。「第九艇隊は時宜により特に白昼の甲種水雷攻撃をなさしむることあり」と書かれている。夜戦を本務と規定されていた水雷艇の白昼の主戦場への登場である。主力艦隊同士の砲戦下に入り込む行動だから、常識的に?がついて当然だが——本戦の日の例のターン後、双方併走状態で砲撃戦となった場面を考えればあり得ないことがわかる——ともかく九日前の「四月一二日戦策」とは作戦の理念が根底から異なっているのだ。つまり別人の発想なのである。秋山は日本海軍に初めて水雷（魚雷）の本格導入を図った専門家であり、彼の面子をかけた作戦に違いない。

すぐ第二戦隊参謀長・藤井較一が反対のため「三笠」に行き、聯合艦隊参謀長の加藤友三郎と話す。加藤は常法通りの元に戻すことを約束する（後述の雑誌『有終』掲載の松村龍雄記事）。そして次の「五月一七日追加戦策」が出る。「四月二一日」の「追加」という意味であり、それは水雷艇隊の仕事の詳論に他ならない。あるいは「四月二一日」の一各論という位置づけといっていい。つまり、加藤は藤井への約束を果たさなかったのだ。秋山が肯んじず、強行突破したのだろう。秋山にとって四月二一日は五月一七日を導くための〝前菜〟コースなのである。彼は反対論が起こることがわかっており（実際、藤井が反対した）、とりあえず軽いジャブを出し、一カ月くらいの冷却期間をおいて、改めてストレートで決めようという二段階作戦だったことが読みとれる。

五月一七日で秋山の意図が明確になっていた。今ではかなり有名になった連携水雷作戦である。『極秘戦史』中の白眉の史料といってもいい。計三六個の水雷を、百メートル間隔で海面下七メートルにブイでぶら下げる。つまり総延長三・五キロほど。敵艦船が直接水雷にぶつかるか、あるいはロープを引っかけて船体にたぐり寄せるかで触雷させるもの。芋づる式作戦といえなくもない。この作戦を水雷艇隊が担うというわけだ。

3　ユーモラス？な芋づる式水雷奇襲作戦

具体的にはこうだ。

第二戦隊から浅間（八八六〇トン、艦長・八代六郎大佐）を引き抜き、第九艇隊（一五〇トン級の水雷艇四隻）と第一駆逐隊（暁ほか三五〇トン級四隻）を引き連れ奇襲隊を編成する。浅間が指揮艦であるが、活動の主役は「暁」である。じつは「暁」（初代）は一九〇四（明治三七）

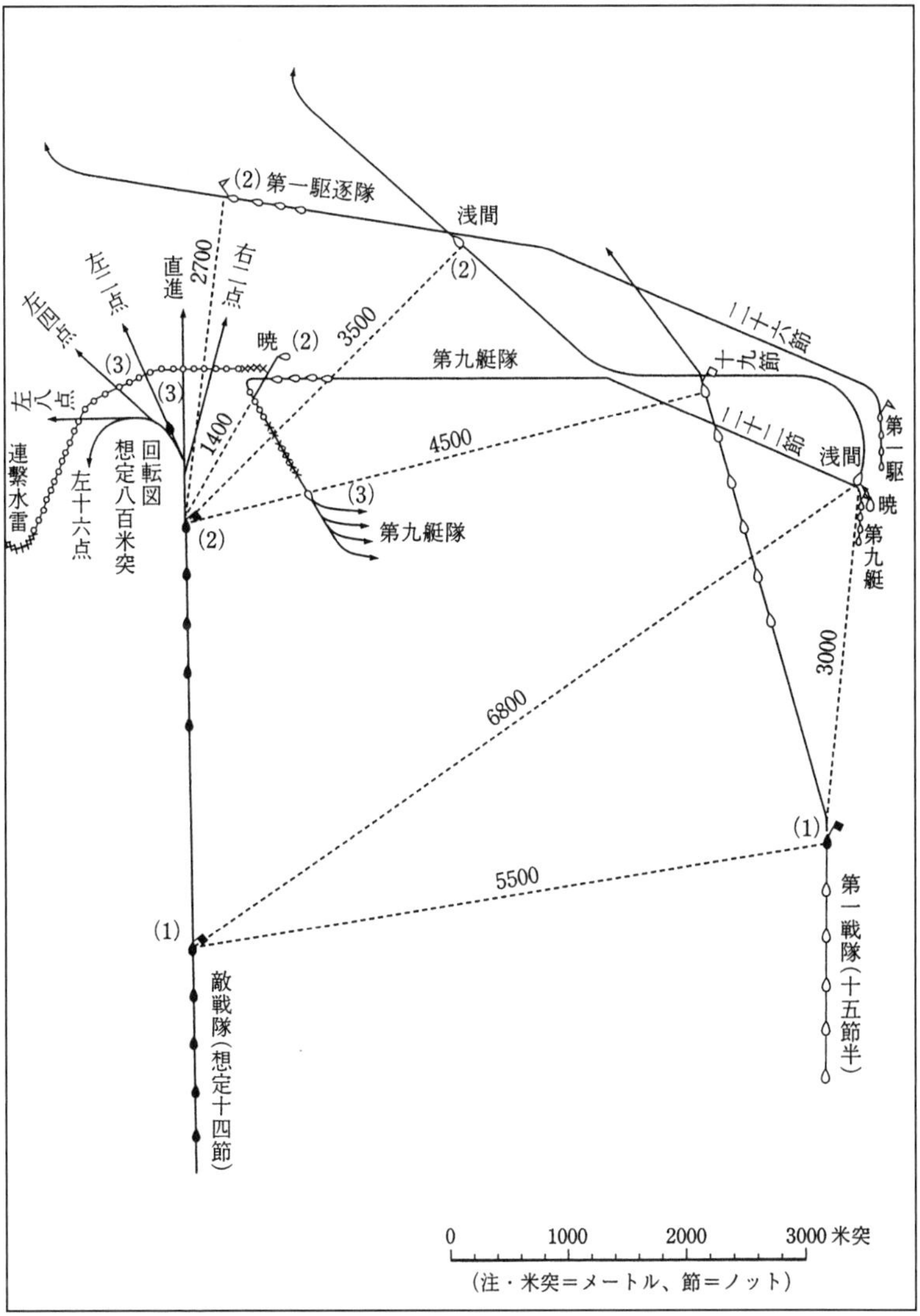

【図d】五月一七日（機密第二五九号の三）連繋水雷奇襲作戦

年五月に旅順沖で沈没させられたのだが、ロシア側がそのことに気づかなかったことから、その年八月一〇日の黄海海戦で捕獲したロシア駆逐艦レシーテリヌイ（二四〇トン）を日本艦ファッションに塗り変えて、「暁」として第一駆逐隊に再配属していた。さて戦策【図d】によると、奇襲隊の位置は「第一戦隊の右斜前約二千メートルとし、戦闘開始と共に速力を増加し、更に三千メートル以上に前進」する（図中の第一戦隊＝白い五つの舟形＝の前方の⑴地点の黒い旗つき舟形が三笠と暁。暁とすると三笠は一番下の舟形の位置となり、暁からは二〇〇〇メートルの距離。暁が三〇〇〇メートル進んだとき、三笠は⑴の位置に来る）。

第九水雷艇隊と第一駆逐隊は敵艦隊を遮る位置へ左舵で回り込んでいく。水雷艇隊が内側、駆逐隊は大きく外側に。ただし「暁」だけは水雷艇隊と行動を共にする。浅間は「駆逐隊、艇隊の援護に任じ、その全砲火を以て敵艦隊の先頭、もしくは我が襲撃隊を撃退せんとする敵艦を猛射して、その視力を撹乱するのに努め、又好機があれば甲種水雷を敵の列中に発射すること」。

「暁」を除く第一駆逐隊は「敵の駆逐隊に対して「暁」を援護し、かつ敵の視線を自分の方に引きつけるようにして、暁の攻撃運動を容易に」させる。第九艇隊は「敵戦隊の斜前方約千五百メートル（図中では１４００表示）より急に変針して敵と反航し（図の鋭角的左折コース）、魚雷攻撃を決行する。その殿艇《しんがり》（「鴿《はと》」か）は変針点より連携水雷及び擬水雷を投下する（鋭角ターン後の○と×表示）」。殿艇で行わないと後続艇触雷というオウンゴールになり兼ねないからだ。

「暁」は第九艇隊の変針後も、「其ノ儘直進シ、適当ノ時機ヨリ略図ノ如ク擬水雷及ビ連携水雷ヲ投下シ敵戦隊ノ先頭ヲ包塞ス（図の敵前面の弧状の○の数珠繋ぎ）」。図上で測るロープの長さは約三キロ。こうして直進してくる敵艦隊の前に「ハ」状の水雷網を敷く――鼠取りだ。触雷させるか、あるいはそれへの回避行動で敵隊列の混乱を引き起こすことが狙い。

このとき「暁」は、「敵の視線を引かないよう一時其の区別線及び艦号を抹滅する……又其の作業を隠蔽する為めに時々蒸気を吹かし有煙火薬にて発砲することも心がけること」と注意書きが付されている。船体をロシア艦に塗り戻して、つまり元の姿に戻して、敵に味方艦と勘違いさせよ。攻撃中も化けの皮が見破られないよう時々蒸気を噴かし、砲撃も黒煙が多く出る有煙火薬を使って、煙に巻け――。国の存亡がかかる大決戦にしては、どこかユーモラスな芸の細かさではある。ついでに、「本図は敵を左舷に見た対勢で示しているが、もし右舷である場合は本図を裏側から見よ」ともある。懇切丁寧である。

だが、この作戦の危うさは常識的に考えればすぐわかる。敵が一本の直線運動をして来るという前提で成り立っている。敵の動きは変数であるのに、定数思考なのだ。ともかく、これが「四月二一日戦策」に現れた第九艇隊の行動の詳細・拡大版であることが分かる。奇妙なことにこの「五月一七日追加戦策」では第二戦隊及び第三戦隊の位置序列が明記されていない。奇襲隊が「第一戦隊の前方二〜三千メートル前方に」という表現からすると、艦隊序列としては第一戦隊が先頭になったと判断される。明らかに前回の「四月二一日戦策」とは序列変更が起こっているのである。これは藤井ら第二戦隊の抗議への一定の譲歩とも考えられるのだ。第二戦隊を先頭から後ろに戻す代わりに、同戦隊から浅間を引き抜き奇襲隊編成の核とすること。立案側、つまり秋山にバーター取引の意図が見える。

しかし、第二戦隊側は納得できない(それが次の展開になる)。浅間を抜かれれば六分の一の戦力削減を被る。しかも浅間自体は奇襲隊作戦の指導艦としての責任を担わなければならない(八代六郎自身は意欲的だったという話はある)。敵の正面にいて、群小艦艇のなかにあってひとり巨艦であり、集中砲火の標的になる可能性は高い。かなり過大な任務なのである。

4 秋山奇襲作戦は四日で却下

藤井較一らが飛び上がったはずである。常識派の東郷平八郎も本心は同じだったはずだ。これは敵が一本の直線運動をしてくるという前提、つまり袋の鼠となってくれるということが前提で書かれているのがすぐ分かる。わたしはロープで構成する（それが実際に構成可能だったとして）固定式丁字戦法と名付けている。

さらに、これには大前提として敵艦隊の動きが正確に把握されていなければならない。高度の自走（操）能力を備えた近代艦である。まっすぐ罠のなかに入って来てくれるだろうか。海峡が狭いといっても対馬をなかに、東西両水道（海峡）はそれぞれ五〇キロはある。わたしは後述の日本海海戦取材の折に、博多から壱岐を経て対馬に海路を辿ったことがある。和いだ日よりだと聞いたが、素人感覚にはかなりのうねりを感じた。東水道という語感は小さいが、じつは大海であった。ロープはプールのような静かな水面上（箱庭演習！）ならともかく、大海の波のなかではすぐクネクネによじれるだろうし、従って直前での危うい作業になる。まして荒天下では話にならない。そもそも外海の波涛は常ならぬのがふつうなのである。当日はそのふつうのこと、濛気《もうき》深く「波高し」状態であった（なお狭水域では可能性があり、実際バルチック艦隊の予想進路の一つとなった津軽海峡では準備されたし、ウラジオストック港口では第二艦隊が本戦直前まで敷設作業を試みていた。それだけに現実がわかっていたのだろう）。

本戦の日の最終遭遇予測ポイントも三隻の通報艦からの無線報告が三通りに分かれ、「三笠」の司令部はパニック状態となったのだ。そのうち採用した報告は、九キロもずれていた（後述の吉田昭彦論文）――。そこでそんな悠長なロープたらし作戦をやっていたらどうなったか。専門知識以前の常識（コモンセンス）の問題であり、藤井や嶋村はもとより、東郷も心中ぎょっとしたに違いない。四日後に撤回の戦策が出る。さすがのダンマリ居士も黙っていられなくなったのだろう。元来、常識人である。が、一度はこういう非常識な作戦を裁可した事実が記録には残ったのである。

藤井が再び動き強力に反対する。藤井の単独行動というより、背後に嶋村ら第二艦隊の合意があった。四日後、「五月二一日改定戦策」が出る。実質「四月一二日戦策」への劇的回帰である。だが奇妙な発表内容だ。「四月一二日戦策は全部削除」（全部というところに同戦策の一各論である「五月一七日」も含まれていることに注意）として、冒頭に戦闘序列が図示される

【図e】。第三戦隊を先頭に第一戦隊、第二戦隊の順だ。ただし第三戦隊は「別任務があるので適宜占位せよ」となっていて、本戦の日は実際にそうなる。

つまり、この【図e】の第三戦隊をカッコにくくれば、第一、第二戦隊の順となり、これは「四月一二戦策」【図a】への回帰であることが一目瞭然なのだ。もう一つ重要なことがある。奇襲隊が第一戦隊の後ろになっていることだ。五月一七日の【図d】では奇襲隊は第一戦隊の前方二〇〇〇メートルに位置している。そこにあってこそ聯合艦隊〝栄光〟の最先

【図e】五月二一日（機密第二五九号の四）の戦闘序列

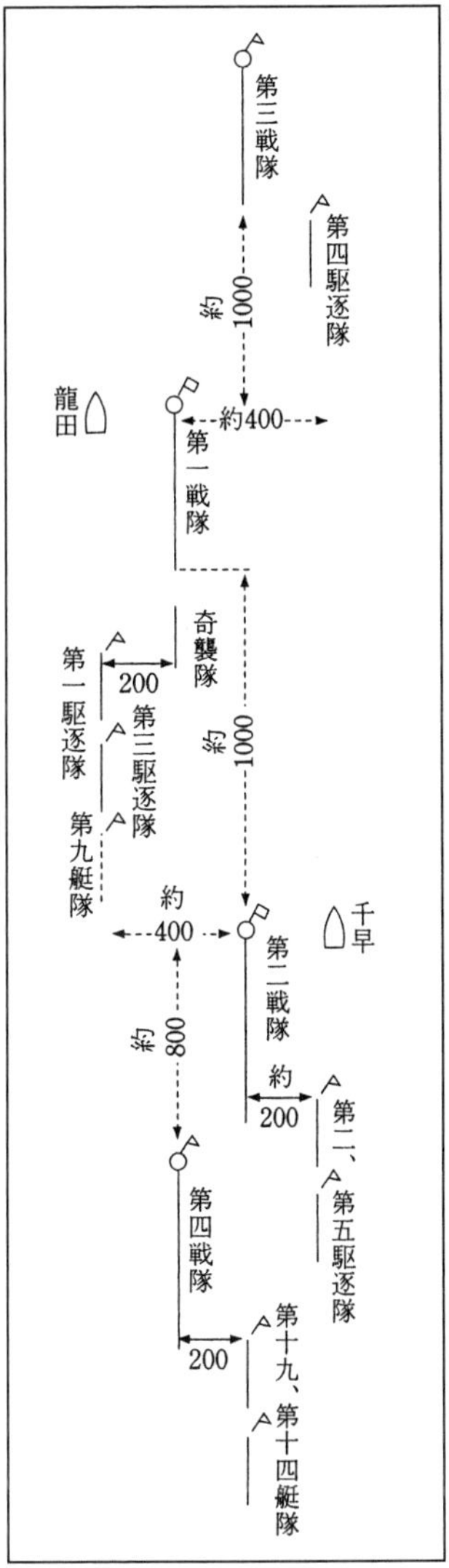

陣なのである。【図e】のように第一戦隊の後ろではすでに「奇襲隊」ではない。指揮艦・浅間の表記もない（当日朝の不可解な動きについては後述）。何かが起こったのだ。

詳細は拙著『日本海海戦とメディア』を参照していただきたいが、「水雷奇襲作戦は机上の（空）論」とする藤井較一ら第二戦隊の主張と行動があった。わたしはその証言史料を北澤法隆・防衛庁防衛研究所図書館史料員（当時）から教示された。海軍関係者の雑誌『有終』一九三一（昭和六）年二月号掲載の松村龍雄筆「藤井海軍大将逸事」である。藤井が二六（昭和元）年の死の前年に語ったことを松村が文章化したものだ。東郷が軍・政界ににらみをきかせていた時代であり、発言者・執筆者および編集者がそれぞれ覚悟の行為だったと思う。雑誌への反応がどうだったかはわからないが、事実を伝えようという意思の総和に違いなく心打たれる。決定的なところで秋山執念のロープによる連携水雷作戦が撤回されたのだ。これが「五月二一日戦策」であり、先述の津軽移動論議がピークに達したのが、その四日後の二五日である。秋山は作戦論、移動論と続けて破れていたことになる。

ただ、この撤回命令の五月二一日は、それ以前の戦策とは異なりあまり明確な形では出されなかったらしい。藤井の先の回顧に「五月一七日の撤回にあたり（加藤参謀長は既に幾度かの変更があったのでもう変更という形では出せないというので）、此の命令（五月一七日）は実行しないということで黙約がなり、二七日朝に奇襲隊編成を解く発令をした」とある。実際には「五月二二日戦策」として出されて『極秘戦史』にも記されたのだが、どうやら藤井には明確に知らされず、「黙約」レベルでの承認による原作戦、つまり四月一二日への回帰だったと考えられる。それで上記の藤井回想となったのだろう。あるいは藤井も知っていたのだが東郷の意を忖度して、知らないフリで通してのことかも知れない。よくいえば以心伝心だが、我々周知の度し難いいい加減さでもある。

確かに本戦の日（五月二七日）、第九艇隊が荒波のなかを第一戦隊のあとについているが、これは主力戦隊に付随する通常の配置（夜戦が主任務、昼は付属戦隊の非戦側に位置し機会があれば撃って出る）である。午前一〇時過ぎ、東郷は「奇襲隊解除」信号を出すが、この「奇襲隊」もすでに言葉のあやである。秋山の顔を立てる配慮なのか。あるいは重なる朝令暮改の印象を避けるため、フリの指令を出したのか。意味するところは「水雷艇隊随行に及ばず」である。そう出せばいいのだ。重大時を前に面子が先立つ組織になっていた。国家としてのそういう体質化を昂進させたのがこの組織であり、この戦争体験であった。

ところで秋山が「四月二一日」から約一カ月間もおいて「五月一七日」を出した心理は推

測できないことはない。藤井証言によれば最初の抗議に加藤は納得して艦隊序列を元に戻すことを約束したが、「加藤参謀長の命を受けて職務するはずの作戦主任参謀たる秋山真之は……率直に加藤の指示に服そうとはしなかった」（菊田愼典『「坂の上の雲」の真実』光人社、二〇〇四年）。秋山は当分受け流しの姿勢で、ほとぼりが冷めたころを見計らって、色褪せた丁字作戦に代わる満を持しての新作戦を持ち出したのだろう。一度に言い出しては刺激が強すぎる、まず軽いワクチン注射を、なのだ。バルチック艦隊の接近具合をよく勘案して、速すぎず、遅すぎず……とくに、速すぎは反対論に勢いをつける時間を与えることになる。おそらく秋山はバルチック艦隊の速度から五月二五日の出会い（このときは津軽海峡を考えていたと思われる）と読み、一週間ほどの余裕を置いた「五月一七日」に提起したのだろう。

ところで四日前の五月一三日には、次節で述べる「中央幹線上に占位して同航戦」の聯合艦隊命令が出ていた。この命令は戦闘・作戦には直接関係ない注意事項などを伝えるものである。本来戦策で布令されるべき核心部の件がここで出されているのも奇妙なことなのだ。分の悪い流れのなかで秋山としては一七日が巻き返しのぎりぎりの線として意識されたのだろう。微妙なタイム・セッティングであった。

幸か不幸か、当のバルチック艦隊の船脚が余りにものろかった。病院船やら水・食料・石炭運送など長期生活機能も抱き込んだ、いわば移動する都市である。なんとも遅い！が「ひょっとして太平洋回りか」という疑心暗鬼を生んだ。そして五月二一日に自作戦は却下となった。加藤から藤井に明確に伝えられなかったらしいように、秋山にもそうだった可能性がある。が、秋山も空気で当然わかっていただろう。津軽移動論の方に力を注いでいく。そして二五日は、この北方移動論が大勢を占めるなか、再び嶋村・藤井によりストップをかけられた日であった。

眼前の敵を前にした作戦上のこういう右往左往は、指揮官としての鼎の軽重が問われるところでもある。それは優柔不断さであり、絶対に伏せなければならない。実際そうなった。正確には、そうさせた。ここに『極秘戦史』成立の原点がある。そこから「秘中の秘たるべきものであるが、後日に於て全く有耶無耶に帰するも遺憾」として、藤井から松村への覚悟の語りが生じた。マル秘対象は、ほかに津軽移動の密封命令問題、後述する戦艦・八島の触雷沈没、日本海海戦での第二戦隊の独断専行があったが、これらがそれとなく洩れていたのに比べても、東郷の優柔不断さが一番はっきり表れたこの作戦変更は、『極秘戦史』の開封まで完璧に秘匿が全うされた。

そして本戦がほぼ完璧な勝利であっただけに、その核心部の過程をブラックボックス化

（自らの不手際だけでなくそれを補った者の功も合わせて）するために、そこを穴埋めする話を作る必要が生じたのだ。隠蔽と偽造、そのための改竄である。これが日本海海戦神話成立の構造基盤なのである。曰く、「七段備え」「丁字戦法」、あるいは「天才的な敵前大回頭」――それを担った主役が東郷側近の広報マン・小笠原長生であった。

ちなみに野村実の研究は戦策の変遷は提示したが、そこに起こっていた対立の認識はない。つまり藤井らの動きへの認識が欠落していた。作戦においては、改正と追加こそあれ「一月九日戦策」の基本、つまり丁字戦法は変わらず、東郷の脚本通りに事態は進展して世界の海戦史上の奇跡として名を留めたと書く（野村におけるこの欠落を補ったのが菊田愼典である）。

野村見解を中村政則はこう要約する。「司馬はこの戦法は東郷の経験とかん（勘）によって弾き出されたと書いているが、野村実によると、練りに練られた戦法であって、ロシアと大決戦が行われる前から、東郷が考えつめた作戦であったという。また野村が重視するのは、先の『明治三十七八年海戦史』であり、東郷が四回にわたって書き直した「連合艦隊戦策」である」（『「坂の上の雲」と司馬史観』、傍点引用者）、と。北方移転の密封命令にはこだわった野村だが、戦策についての研究は教え子の菊田がすることになる。野村には東郷復権への思いがある。すべては秋山の頭脳から！という司馬認識によって、東郷が貶められたと感じているからだ。中村著は同意宣言ということだろうか。

5　同航戦、中央幹線上に占位せよ

ただ、野村実の重大な指摘を見ておかなければならない。先述のように五月一三日（一九〇五年）に一〇項目からなる聯合艦隊命令（正式には機密二六六号）が出されたことだ。バルチック艦隊の想定現在位置説明、新たな戦闘意欲の確認、現状での各艦艇・各部署での任務に遺漏無きことなどの一般注意事項であり、基本的に戦策レベルのものではない。が、第四項と七項には、来るべき戦闘のまさに基本戦略というべき重要な宣言がなされている。

曰く、第四項、「当地（鎮海湾）ニ集合セル第一、第二艦隊ノ諸隊ハ敵ノ出現ニ応シテ直ニ出発、対州北方ニ於テ中央幹線上ニ占位シ、敵ノ進行方向ニ依リ機宜行動シ、第三艦隊ノ主力モ同時ニ出動シ敵ヲ海峡内ニ誘致牽制スルト同時ニ、敵ニ追躡《じょう》シテ我カ主隊ニ合スルノ目的ヲ以テ特ニ与ヘタル命令ニ基キ行動ス」。第七項、「敵ニ会スルヲ得ハ特例アルノ外、予定戦策ニ準シテ極力攻撃ス。特ニ駆逐隊、艇隊ノ夜戦ニ於テハ各其ノ一隊ヲ以テ少クモ敵ノ一艦ヲ轟沈スルニ努メ、魚雷攻撃ノ結果不確実ナル場合ニハ断然突貫シ、連携水雷ヲ以テ最後ノ目的ヲ果スヘシ」（傍線引用者）。

つまり、「第一、第二艦隊の諸隊は敵の出現に応じ」は戦隊序列が四月一二日通り第一、第二の順であることを示している。そして対州（対馬）北方においてそこからウラジオストックに引いた主軸（中央幹線）上に位置を占め、敵の進行方向に依り（つまり同航戦で）戦えということだ。同航戦、そして戦闘の方向基軸の明快な指示である。戦術ではなく、戦略である。極めて明快な。また駆逐艦・水雷艇は夜戦用として位置づけられており、連携水雷作戦はその最後の手段であることも指示している（秋山はこれを白昼の最前線にもち出した）。実際、五月二七日と二八日の本戦は、四月一二日戦策及び五月一三日のこの命令通りに展開していった。「五月一三日命令」は、まさに骨太の方針であったことがわかる。

この五月一三日命令を重要な位置づけで指摘しているのは野村だけである。つまり、五月一三日で既に四月一二日戦策は撤回されていたことになる。それだけに秋山の五月一七日戦策がいかに強引なものであったかが分かる。と同時に、政令が二途に出ていたのではないか、という疑いさえ生ずるところである。ともかく、水雷奇襲作戦は五月二一日戦策から数えれば本戦の六日前に、同一三日命令からは一四日も前に却下されていたのだ。さらに四月一二日戦策への回帰ということは、その戦策が前年の「一月九日戦策」で展開された丁字戦法を格下げしたものであることも注意しておく必要がある。秋山案はすべてで破れていた。

この間、東郷の配慮（優柔不断）、そして加藤・嶋村らの苦渋を見るべきだろう。逆に一人刃の上を行くような秋山自身の危うさも見るべきかも知れない。ともかく、「中央幹線上に占位せよ」には一言居士・東郷の地声が響く。全体を見通す視線、鳥の目といってもいい、確かにそれはある。戦役後、軍令部長として戦史編集を進めたとき、編集の精神を「要は只高處より見下ろすに在り」と述べたという（小笠原『軍事談片』三五頁）。実行していたかどうかはともかく、一局面にとらわれる秋山の狭い視線とは違う、指揮官の目があるのは確かである。これなら天候にかかわらず、ロシア艦隊が津軽海峡から現れようが宗谷海峡から来ようが、対応は変わらない。遭遇地点からコンパスでウラジオに引いた直線が中央幹線であり、併走した同方向での戦闘である。あとは正確な砲撃、安保砲術長の領域である。

ここでわたしは〇六年の拙著『日本海海戦とメディア』の訂正をさせてもらう。その本で五月一三日命令を「四月一三日命令」と書いた。『極秘戦史・第二部巻二・備考文書第一（三〇頁）』に依ったのだ。しかし今回、『極秘戦史』を再読するなかで、「第二部巻一（五二～五四頁）」の記述に「五月一三日」とあるのに気づき、明らかにこちらに整合性があると判断した。これら史料は活字化されている頁の間に生史料が挿入されるなど、いかにも編集途上の感が深い。重複記述も多く、それらの間の矛盾、明らかな誤植も目に付いた。秘匿方針が貫徹されていくなかで、完成稿への意欲が薄れていったのではないか。『公刊戦史』の刊行（明治四四年）で手打ちとなったのでは、という印象を受けた。

なお五月一三日命令に触れているのは管見の限り野村実だけである（前掲書一八六頁）。一連の戦策の最後のまとめとしての位置づけで書いており、極めて重要視していることがわかる。わたしは「中央幹線上に占位せよ」に、目が覚める思いで教えられた。「……奮励努力せよ」より、「……波高し」より、日本海海戦をひとことで表す言葉はこれであると思う。ただ、野村は「五月一三日」を「一七日」と誤記している（一七日は連携水雷作戦発表の日）。原本史料の紛らわしさからと思う。

6　究極のオマージュ

さて中村著『「坂の上の雲」と司馬史観』に戻るが、ヒヤリとさせられたのが旅順地上戦における司馬の乃木愚将論について評したところだ。「第一回総攻撃で乃木将軍は部下に肉弾攻撃を命じ、五〇〇〇人余の戦死者と一万人余の戦傷者とを出した。無謀といえば無謀である。だが正面攻撃は要塞攻略の通常の方法で、愚将よばわりされるほどの戦法ではない」。数日間の砲撃のあと、歩兵が突撃して敵陣地を奪取するのは、「近代的攻略法であって、間違った戦法でも何でもない」。そして「第一次大戦のときドイツがフランスのヴェルダン要塞を攻略した際には、一か所の戦場で七五万（もしくは七〇万）人の戦死者を出した」と近代戦の常識を説く（五七頁）。冷徹な近代化論者なのだろう。こういう認識は現在、右サイドから司馬を批判する福井雄三の論（〇四年二月号『中央公論』掲載の「『坂の上の雲』に描かれなかった戦争の現実」）に近い。というより主に福井の論に拠って書いているところである。

福井は「乃木無能説が定着するうえで決定的な役割を果たした」のは司馬作品だとしてこう書く。「肉弾攻撃というと何かまるで敵のベトン（コンクリート要塞）と機関銃に向かって、歩兵が闇雲に突進していくような印象を与えるけれど、実際には強襲法といい、数日間にわたり味方の砲兵火力で敵の陣地を徹底的にたたいて制圧した後、歩兵が突撃して敵の陣地を奪取するという、きわめて近代的な戦法である。……第一次世界大戦では各国が乃木とまったく同じ戦法を採用し、さらに大量の死傷者を出している。ヴェルダンの戦いなどは、一カ所の戦場で双方あわせて七五万人もの戦死者を出しているくらいである。つまり一〇年後のヨーロッパにおいてさえ、近代的な要塞を攻略する方法はこれ以外になかったということになる」。

福井が「双方あわせて七五万人もの戦死者」としたところに、中村は丸カッコで（もしくは七〇万）とした。五万人カウントが多いものの、福井の論自体（兵員消耗材説）は妥当というサインだろう。一方で民衆史学の立場から「戦争の最大の犠牲者である底辺の民衆はあまり視野に入ってこない」（二〇二頁）と司馬の批判もする。矛盾はないのか。わたし自身は司馬の乃木論については高く評価している。ちなみに第一次世界大戦の終戦直後に北フランス・ランス附近の戦跡を視察した海軍軍人・水野廣徳はこう書いた（後述「自伝」三七五頁）。

村落は壊滅し、田園は荒廃し、住民は離散し、家畜は死滅し、満目これ荒涼、満地これ粛条、惨として生物を見ない。唯目に入るものは枝も幹も打ち折られた坊主林、瓦石の間に僅かに残る人家の柱、痘瘡の様に掘り穿たれた草原の弾孔である。雑草茂る彼方の畠の中には破損した飛行機が真つ逆さに突っ立って居る。橋の落ちたこちらの小溝の中には赤錆びたタンクや戦車が横ざまに倒れて居る。向うの道路の傍には幾千幾万と数える砲弾が列をなして遺棄されてある。掘り返された手前の塹壕の中には戦死したドイツ兵が武装のまま白骨と化して横たわって居る。何一つとして激戦の跡を示さぬものはない。

水野の回心が始まる。

中村書の表紙カバーには、延々と続く騎馬隊列を望む馬上の秋山好古《よしふる》らしき指揮官が描かれ（好古は当時まだ著名人ではないので乃木かも知れない）、遠くの海上には三笠らしき軍艦が浮かぶ。そして死線を越えてたどり着いた旅順要塞の防塁上か、そこで日章旗を振る兵士の姿がある。出典は書いていないが皇軍勝利を伝えた当時の雑誌、あるいはそこからモチーフを得たものだろう。戦争ロマンに寄り添った図柄である。この戦争はメディア産業も飛躍させた、戦争の旗振り役を通じて――。

中村著で一番驚いたのは、雲間の阿弥陀如来さながらの司馬と対話する本文末尾（二二二頁）だ。「近代史家」として不十分ながら言いたいことは読者に伝えられたという思いのなか、司馬遼太郎が――「まだまだ、わかっていないですね。誤解もあるし、過大評価も感じられる。でも、そういう私の読み方があることを初めて知りました」と、例の丁重な口調で返礼してくれるような気がする——のだそうだ。「九割以上がオマージュ（司馬礼賛）で埋め尽くされている」（四八頁）と自身が批判する賛美本のなかでも、これほどのものをわたしは知らない。究極のオマージュである。自らの論の〝独創性〟もちゃっかり如来様を使って権威づけている。前著『近現代史をどう見るか』（一九九七年）で止めておくべきだったと思う。随所で「近代史家として」を強調するのが痛々しくもある。アカデミズム史学を自認するもののの勘違いがなかったか。なくもがなの刊行を惜しむ。

第二章　「偉大な東郷」像

1　史料に即した菊田愼典の仕事

野村実が『日本海海戦の真実』（一九九九年）で、ともかく作戦全体について紹介したのは、田中宏巳が『極秘戦史』の存在を明らかにしてから一八年後であることにわたしはやや感慨を覚える。本来なら、日露の海戦史を専門に研究するなら作戦論こそ最初に検討されるべき課題ではないか、と思うからだ（田中自身は『極秘戦史』の内容自体より、その制作過程への関心に傾斜していき、そこから小笠原長生という海戦史譚を作り上げた語り部を浮かび上がらせる優れた業績をあげた）。むろん、同戦史を用いた研究が皆無というわけではない。個別の局面での検証をしたユニークな論文もある一方、一部分を恣意的に引き出した虚説も生じた。ここで、改めて全面的な検証を行ったのが、野村の教え子という菊田愼典（防衛研究所研究員）の『「坂の上の雲」の真実』（光人社、二〇〇四年）である。

じつは、菊田の作戦（『極秘戦史』に即していえば「戦策」）解釈は、先述のわたしの解釈と基本的に同じである。あるいは、構造的に同じ、というべきかもしれない。不明を恥じなければならないが、門外漢の悲しさで、拙著『日本海海戦とメディア』（二〇〇六年）を書くときわたしは菊田著を知らなかった。中村著『「坂の上の雲」と司馬史観』（二〇〇九年）で存在を知らされたのであり、この点では同書に感謝している。

バルチック艦隊が迫ってきたなかで、まず「四月一二日戦策」が出、九日後の「四月二一日戦策」で戦闘序列が逆転して、第三戦隊、第二戦隊、第一戦隊の順となったことは先述した。菊田は明確にこの逆転を指摘し、第二艦隊参謀長・藤井較一が第二艦隊司令長官の上村彦之丞らと協議した上、旗艦・三笠を訪れて加藤友三郎参謀長に撤回を申し入れたと書く。だが「参謀長の命を受けて職務するはずの作戦主任参謀たる秋山真之は……率直に加藤の指示に服そうとはしなかった」（菊田著一八三頁）。それどころか、秋山の本心である奇襲隊による連携水雷作戦「五月一七日追加戦策」が出される。再び藤井が三笠に赴いて加藤に抗議し、加藤は奇襲隊攻撃は実行しないことに同意する（藤井の行動は前掲の『有終』一九三一年二月号掲載の松村龍雄筆「藤井海軍大将逸事」による）。

そして「五月二一日改定戦策」が出て、最初の「四月一二日戦策」にもどった。ここで菊田は、「もどった」と表現した（ただし菊田の場合は前年の「一月九日戦策」にであり、わたしの「四月一二日戦策」とは解釈が異なる）。ともかく菊田は師の野村が欠落させた作戦変更について明記した。つまり、一連の作戦変更には戦術における二つの思想の葛藤があったという認識である。わたしは「もどった」と書いた菊田記述を見て心中アッと叫んだ。専門家が同一の読みをしていたことへの感動である。菊田は「一月九日」へ、であるにしろ。わたしはそれは日露開戦を控えて嶋村承認のもと秋山主導で書かれたもので、丁字戦法優先策が展開されていたと見る。この段階では嶋村と秋山は一致している。

ところが八月一〇日黄海海戦で、この戦法は空振りに終わった。その体験から丁字戦法を後退させて、同航戦主導にしたのが「四月一二日戦策」とわたしは考えている。このときの参謀長は嶋村に代わった加藤友三郎だが、実際の主唱者は前任の嶋村（背後に藤井）であろう。従って菊田のいう「一月九日戦策」への「もどり」とは、もとの木阿弥の丁字戦法（菊田の認識としては嶋村の丁字戦法）へのもどりとなり、せっかく同航戦を打ち出した四月一二日の意味が曖昧化してしまった。

菊田はまた四月一二日は「一月九日の基本となっている第一、第二戦隊一体となった丁字戦法を崩したのである」（一八二頁）と書く。文脈上、明らかに「崩し」てしまったこと、つまり丁字戦法を後退させた四月一二日に対する批判なのである。「崩す」ことで東郷の意図する「同航戦」が可能になるのだが、ここで菊田にして同航戦への認識が希薄であることがわかる（そのことで東郷賛美が貫徹しない）。

防大系研究者には丁字戦法へのこだわりがあるようだ。そのため菊田でさえ四月一二日の意義が根本でとらえられていない。聯合艦隊の参謀コンビ、初年が嶋村と秋山、二年目が加藤と秋山であることから、機械的に「一月九日」を嶋村の作戦としている。実は一月九日から四月一二日への転換こそ、嶋村らの苦闘したところなのである。この点については一九〇五（明治三八）年一月にあった人事異動と絡めてまた触れたい。

菊田の視線は、秋山の連携水雷作戦が東郷により撤回されたという事態に焦点が合わされている。日本海海戦は秋山作戦に非ず、の主張である。その点はわたしも全く同感である。ただ、それは「勝ちを制する主因となった敵前大回頭は、熟慮と反省を重ねた上での、東郷平八郎必然の決断であった」（一九三～四頁）という師・野村を継ぐ東郷復権論なのである。そして、「我が砲火、敵の前面を圧する。丁字形を描き、猛烈なる縦貫射撃をくわえ……一挙に撃滅した」（同）と描写する。まさに丁字戦法論者なのだ。それは東郷に帰すべきものと認識されている。対バルチック艦隊戦を前に丁字戦法排除に腐心した東郷からすれば、「親の心、子知らず」である。菊田の論――秋山＝連携水雷作戦、東郷＝丁字戦法――は、二つの作戦思想の葛藤が自己撞着を起こしている。

なお田中宏巳は二〇〇四（平成一六）年刊の『秋山真之』（吉川弘文館）で一連の戦策について触れているが――ただし連携水雷作戦撤回の肝心な「五月二一日戦策」には触れず――作戦の変更というより発展という筆法で書いており、この点では野村に近い。藤井らの抗議行動については一切触れていない。野村、菊田、そして現在の田中（という断りの理由は後述）とも、行き着くところは丁字戦法という点では共通している。いずれも防大系研究者である。ただ、野村・菊田ではそれが東郷平八郎の栄光において語られ、田中においては秋山真之の栄光において語られるのである。

菊田分析への感動を書いたが、わたしはふと、菊田著（二〇〇四年）を読んだあとに拙著（二〇〇六年）を読んでくれた人は、拙著の戦策論が菊田著の受け売りではないかと感じはしなかったか、という思いが生じた。この反証は簡単である。拙著でわたしは、「戦策」という用語は秋山の造語であると書いた。島田謹二が「秋山が作りだした日本海軍特有の用語である。ナショナリズムがちゃんと存在する以上、日本独自の用語があって良いというので、この用語はその後確実に定着した」（「秋山真之の兵学思想――ロシヤ戦争前夜の日本海軍の戦法」『講座比較文学5　西洋の衝撃と日本』所収一五〇頁、東京大学出版会、一九七三年）と書いているのだ。権威・島田の弁に安心して断るまでもないこととわたしは考えてしまった。

島田の判断は、秋山が関わったと考える海軍書にある「戦術ヲ実施スル画策ヲ特ニ戦策ト称シ、戦術ヲ実施スル制規ノ方法ヲ戦法ト称ス」に拠っている。だが、菊田は島田が論拠とした海軍書とは『第三版兵語界説』であり、すでにこの書以前に『初版・仮定兵術用語界説』でこの用語は用いられていることを論証している。さらに後者は海軍大学校教官時代の嶋村速雄らの仕事であった可能性を指摘する（一〇五〜七頁）。つまり既に秋山以前にできていた用語なのだ。わたしは拙著で、作戦という言葉ですむのにわざわざ「戦策」と造語したことに対して、「ややペダンチックで論に溺れる秋山の性向が現れている一例」（一一〇頁）と、したり顔に書いた。菊田著を読んでいれば恥ずかしい誤りをしなくてすんだのである。しかも、島田という権威に拠りかかって書いたこと。二重の意味で反省している。菊田著から教えられたことはほかにも少なくない。ただし、一連の作戦について骨格認識は同じとしても、個々の読みについては菊田とは違いがある。なにより総体としての認識に決定的な差があることに、以下触れたい。

まず、先述の開戦初年（一九〇四年）の「一月九日戦策」に関してだが、既述のようにこれは丁字戦法および乙字戦法を軸に説かれた戦策で、わたしはだれが考案したかの問題は別にして、ともかく記述者は秋山に違いないと書いた。菊田著は、すでに日露戦争前から各艦隊・戦隊でT字戦法・L字戦法というものが研究されており、秋山がしたことは「Tを丁、Lを$\mathcal{L}$から乙に変化させて」一月九日戦策のなかに盛り込んだにすぎないと書く（一二七頁）。直接の上司である参謀長は嶋村速雄であるから、彼も了解していたということになるのだろう。さらに、世にいわれように「秋山の独創で、どの国の戦術書にもない、といったそんな形成過程では決してないのだ」（同）とだめ押しをし、実際の関与者として佐藤鉄太郎、山路一善、森山慶三郎、出羽重遠、瓜生外吉ら第一艦隊および第二艦隊所属者の名を挙げる。秋山外しの思いが滲む記述ではあるが、『極秘戦史』付属の秘密史料をベースにしているので説得力がある。拙著も近い認識（わたしは山屋他人、片岡七郎の名をあげている）をしていたので一応、次に引用しておく。

この問題について私はこう考える。古来、洋の東西を問わず敵将を討ち取るのは勝敗の帰趨を決める最重要事だ。陸戦・海戦を問わない。従って海戦において旗艦に攻撃を集中するのは当然のことであり、その発想自体を誰の発明とか考案とかいう話ではない。だから『謙譲の人——海将山屋他人の足跡』（二〇〇三年、枝栄会）が書く「敵将艦への集中攻撃自体は常套的なことで、問題は如何にして一点に攻撃が集中できる陣形がとれるかにある」という指摘は正しい。「如何に」の点で山屋、片岡、秋山および東郷らの苦闘があったのだろう。しかし、海軍兵学校および海軍大学校、あるいは海軍の指導層がそういうことをするのは当たり前のことである。まさに彼らはそれをするのが公務の専門家であった。特定の個人名に帰するのではなく、草創期海軍の教育・研究機関の中でその職務担当層によって考えられたということでいいのではないか。この点でも秋山＋自分（最終的には自分になるが）の功を強調する小笠原の情報操作的な筆が過剰に機能していたのである。（二〇八頁）

次にバルチック艦隊の接近を前にした一九〇五（明治三八）年の「四月一二日戦策」について。わたしは「一月九日戦策」に比べ丁字戦法が後退しているのを指摘し、東郷の意を踏まえた嶋村の提案と見ることを書いた。〇四（明治三七）年八月一〇日の旅順艦隊との黄海海戦で丁字戦法が外れた体験で、東郷は丁字戦法の固執者である秋山と距離をおくようになったと考えるからだ。菊田著は〇四年の「一月九日戦策」が参謀長・嶋村と先任参謀・秋山コンビによるもの、「四月一二日戦策」が人事異動による新参謀長・加藤友三郎と秋山コンビで作られたものとして、後者における嶋村の関与を見ていない。わたしにはこれは機械的な判断と感ぜざるを得ない。東郷・嶋村による「四月一二日」に結実する新戦策が比較的早い段階で出来ていたと思う。加藤はむしろクッション役である。

東郷は自ら大抜擢した気性の激しい若者に、一年間の体験で明らかに手こずっていた（戦後、東郷と秋山の関係の冷ややかさは後述する）。この時期の東郷はかなり気配り型指揮官だった。いずれにしても、刻々と迫るバルチック艦隊を前に、分裂状態に近い作戦上の齟齬が生じていたのである。

2　開戦二年目の更迭人事

開戦二年目、一九〇五（明治三八）年の一月一二日に聯合艦隊の人事異動があった。開戦時から「三笠」の東郷の下で連合艦隊参謀長を務めた嶋村速雄は、第二戦隊司令官となり乗艦は第二戦隊旗艦の「磐手」となった。直接の指揮者になるのだから降格ではないが、第二戦隊の実際の指揮は先頭艦「出雲」にいる第二艦隊司令長官の上村彦之丞である。「磐手」は戦隊序列では殿艦となるから、やや微妙な位置ではある。何よりこの歴史的場面における全艦隊の頭脳役の参謀長からの転出であるから、更迭の印象は否めない。人格者として知られたという嶋村だが、「私は旅順陥落後間もなく他に転出を命じられたのであります」（秋山の葬儀での追悼演説）に自ずと心情がにじむ。

第二艦隊は第二戦隊と第四戦隊で構成されており、司令長官が上村。ちなみに第一艦隊は第一戦隊と第三戦隊からなり、司令長官が東郷だ。聯合艦隊は第一、第二、第三艦隊、および付属特務艦隊などからなる。つまり東郷は聯合艦隊の司令長官であると同時に第一艦隊司令長官であった。ついでに第一戦隊司令官は初年が梨羽時起、二年目つまり一月一二日異動で三須宗太郎となった。三須は初年は第二戦隊司令官、その後任が嶋村となる。

玉突き人事で嶋村の後任に第二艦隊参謀長の加藤友三郎（後の首相）が就いた。その後任が藤井較一で上村の「出雲」に乗る。加藤・嶋村・藤井の三人は海兵七期生で親しい間柄にあった。そのことも織り込んだ東郷人事に見える。核心は嶋村に違いなかった。聯合艦隊として初年（一九〇四年）の戦果は緒戦の旅順口襲撃、閉塞作戦とも失敗、八月一〇日海戦を含めて、新聞の「勝利」辞令はともかく、芳しいものではなかった。四月中旬に名将の名が高かった旅順艦隊のマカロフ提督の旗艦ペトロパウロスクを撃沈し、同提督も戦死させたとはいえ、五月一五日には第一戦隊が虎の子の戦艦「初瀬」「八島」の二艦を触雷で一挙に失う重大事態となった。ほぼ同時に巡洋艦と通報艦の二隻も失った。死者計八〇〇名余、日本海海戦でも一一〇名余である。その「八島」沈没は隠蔽された。

六月から八月にかけては上村第二艦隊の対ウラジオ艦隊作戦も取り逃がしが続き、マスコミから袋叩きにあった。異様に詳しい第二艦隊の失策報道が展開された。明らかに重大被害から目をそらせ、あわせて「八島」沈没も隠蔽するための情報操作であり、国民の目先を転じさせる政府の世論誘導に違いないことを拙著（『日本海海戦とメディア』）で書いた。これまでなかったメディア論的視点からの論である。

組織の論理として更迭人事は不可避の状況になっていた。直接には拙い指揮で二戦艦を失った、第一戦隊司令官の梨羽時起の更迭だったことは明らかだ（後任に第二戦隊司令官の三須宗太郎）。二戦艦の代わりに、開戦間際に購入していた半分ほどの重量の装甲巡洋艦「春日」と「日進」の二隻が急きょ補充された。本来なら連合艦隊のトップの責任、つまり東郷に関わる筋の話であり、実際、大本営内でその声もあったが、天皇からのお声掛りでそれができなくなった（拙著八六頁）。形式上、おはちがまわってきたのが作戦全体の責任者である嶋村参謀長だったとわたしは考える。

その嶋村と秋山（海兵一七期）の齟齬が抜き差しならなくなっていた。八月一〇日には口論から戦機を逸する事態が起きた。すでに三月一〇日旅順沖で、重傷者収容を求める駆逐艦からの信号に「艦を止めよ」という嶋村と、「射撃好機であり、かまっていられない、進航する」という秋山がぶつかった（参謀長命令で救出、この間、東郷は沈黙＝『元帥島村速雄伝』ほか）。東郷としても、嶋村に負い目を感ずる異動だったに違いないが、同時にそんな更迭臭を漂わせることも織り込んだ読みの深い人事の臭いがする。人情の機微である。そういう雰囲気を漂わせた方が、秋山の前で嶋村の策を採用しやすいからだ（「四月一二日戦策」はこの人事から遠くない時点で東郷と嶋村および加藤の間で了解されていたと考えられる）。

沈着で穏やかな性格だったらしい加藤の存在意義も明確になってくる。梨羽更迭に端を発した事態を好機にした深謀遠慮人事なのだ。菊田が強調する「嶋村・加藤それに藤井の海兵七期組の以心伝心」の意味もはっきりしてくる。核心の人事は嶋村と書いたが、それは同時に異動なき秋山人事でもあった。端的にいって秋山封じである。これまで全く指摘されることがなかったが、その後起こったことを見るとき、本戦勝利の前提をなす重大な布石であったことがわかる。『坂の上の雲』の世界とは正反対なのである。この人事と、東郷の八月一〇日への反省「今度は近い距離で、同航戦で」を踏まえることで、「四月一二日戦策」の意味が鮮明になるのである。この認識を欠く菊田の論は核心の軸が弱く、せっかくの「（戦策が）もどった」認識の意味も曖昧化してしまう。なお、田中宏巳の『秋山真之』（吉川弘文館、二〇〇四年）はこの点、「持続戦すなわち同航戦」と押さえている（一九四頁）。

3 明治の〝ペンタゴン・ペーパーズ〟

だが、なにより菊田論と拙論の決定的違いは論理の立て方にある。菊田の分析は本質的に帰納法的である。個々の史料を分析的に読みながら、導く結論は偉大な東郷平八郎にある。菊田が『「坂の上の雲」の真実』の翌年に出した『東郷平八郎——失われた五分間の真実』（二〇〇五年、光人社）の「あとがき」でこう明確に述べている。「日本海海戦に大勝したから偉いというのではなく、偉かったから勝ちを制することができたのだ……東郷精神をその根源にさかのぼって探求し、この偉大な先輩の真価をまず甦らすべき……（武士のような奥ゆかしさと人柄、および天祐神助・神のご加護が実感として胸に迫る）名将東郷平八郎は世界の人々から尊敬されるであろう」、と。師の野村実の思いの継承でもあるのだろう。予め「偉大な東郷」なる命題が用意されている——それが帰納法的とする所以である。

わたしの論立ては演繹法的である。バルチック艦隊に対して東郷に課された命令は「全滅せよ」であった。戦法の原理は簡単である。相手はウラジオストックを目指して北上してくる。これを全滅するにはすれ違い戦（反航戦）ではダメであり、雌雄を決する同航戦でなければならない。鳥の目、あるいは人工衛星からの目で日本海を見ればいい。自らは南行して正面から正確に相手を捕捉し、左右への回避不可能な状況を作り、適切な地点で一八〇度ターンして自らも北向き、つまり中央幹線上に占位し、併走攻撃（同航戦）に入ること。この点で東郷（そして嶋村）が明確な認識をしていた。「四月一二日戦策」の「敵の主力に対して先ず持続戦を行う」とするところだ。これこそ対バルチック艦隊戦の基本戦略であった。

先の『兵語界説』では「戦略ハ、戦争若クハ戦役等ニ於テ敵ト隔離シテ兵力ヲ運用スル兵術ナリ」とある。「隔離して」とは、全状況を見渡す鳥の目のこと——常識（コモンセンス）である。世阿弥の「離見の見」に通じようか。演じている自分を客席から見るもう一人の自分——客観性といってもいい。至難の業には違いない。「中央幹線上に占位せよ」にはそれが感じられる。どうやら常識というのは、操船法やら砲術など専門技術とは関係ない、文字通りセンスの問題であるらしい。もちろん海軍軍人という専門職である以上、技術は持っていなければ困るのだが、将たる器に問われるのは、このセンスに違いない。むしろ将たるものは、それさえあれば専門技術など問題外なのかも知れない。ともかく、「天才的な敵前大回頭（東郷ターン）」などということでは全くなかった。あまりに当然のこと、常識であるから海戦後、軍部もこのターン自体を特に勝因としてあげることはなかったのだ。

敵前大回頭が海軍・マスコミによって語られ出すのは、軍拡のためのコピー効果に気づいた昭和期に入ってからのことで、これは田中宏巳の研究で明らかにされている（ただし「丁字戦法」は、朝令暮改の作戦変更に気づかれないための目くらまし宣伝文句として、戦役後いち早く持ち出されたとわたしは考える）。この南行・正面補足の原理で分析していくとき、それでもなお本戦で生じたいくつかの失策が見えてくるのである。これこそ反省点として客観的に検証されるべきことだったのだが、そのことを語る『極秘戦史』は東郷の威令のもと文字通り極秘となり、しかもあまりにも完璧な極秘のため当の海軍内部でも忘れ去られた。海軍大学などで内部的に見られることが絶無ではなかったにしろ、それだけのことだ。公刊されたのは中抜きの改竄史料、そして世に意図的に流布されたのは神懸かり的言辞の海戦講談であり、当の海軍自体がそれを信じたという、驚くほどリアリズム感覚を欠落させた組織集団となった。

東郷は日本海海戦の戦略家ではあったが、そこを越えなかった。国難という事態に違いないなかでの勝ちに、自身のミスを補った部下をこそ褒めるべきだったのだ。そのことで度量を示せたはずなのに、黙りこんで封じ込めてしまった。真の国民的英雄になり損なったのは、第二次大戦後の軍国主義批判だけではない。人にそう呼ぶことを躊躇させるものがやはりあったのだ。こういう個人的資質が海軍および軍全体、そして他の国家組織、さらに民間にまで浸透していったのだと思う。

残念ながら明治のペンタゴン・ペーパーズを暴くダニエル・エルズバーグもニューヨーク・タイムズ紙も存在しなかった。「偉大な東郷」どころではない、歴史に対して犯罪的でさえある東郷像が浮かび上がるのだ。菊田とは正反対の認識が、拙著の結論である。いずれにしても、菊田著とは全く異なる視角・アプローチによる別個の作業であることが了解されると思う。そうではあるが、それでもなおこの時点で、菊田とわたしには共通認識がある。『坂の上の雲』における真之《さねゆき》評価である。菊田著は「まえがき」で天才真之にすべてを委ねる司馬の誤りを挙げる。

「東郷の作戦はことごとくかれ（秋山）が樹てた」（一巻―五〇頁）
「真之は戦略戦術の天才といわれた」（二巻―四三頁）
「作戦は天才がやるべき」（三巻―一二一頁）

「日本の命運を決する海上作戦を（秋山）ひとりでになってゆく」（三巻―二二頁）

わたしも司馬の真之評価は成立しないと判断している。繰り返すが小説としての評価をいっているのではない。小説は自由である。虚構であれ事実であれ、そこに真実が描かれているかどうかである。菊田には「この薄ぼんやりした東郷が……」と書いた司馬へのふつふつとした怒りがあるが、それでも謙虚に書き添えている。「『坂の上の雲』がとりあつかった戦史の、真実の断片が少しでも明らかになり、今日の日本人の思考や判断に役立てることができれば、敬愛する故司馬遼太郎氏にも喜んでいただけるのではないかと思う」、と。ここも同感するが、菊田のいう真実とわたしのそれは違っている。

菊田の真意は主役交代への抗議である。忠臣（嶋村・藤井）を差し置いて君側の奸・秋山を天才として主役の座に座らせるのが許せないのだ。主役はあくまで大東郷なのである。ただ菊田には大東郷が秋山とともに忠臣まで排除してしまったことへの認識がない（だから彼らの功を発見しなければならなかった）。丁字戦法を駆使した海戦幻影《イメージ》自体は、主役問題を描くと、司馬も菊田・野村もそして田中も基本的に変わらない。正調の伝統解釈である。

付言するとＮＨＫドラマで海軍軍事考証を担当しているのが、菊田である。

第三章　丁字戦法か、水雷奇襲隊作戦か

1 「本日天気晴朗なれども波高し」は暗号！

近年、日本海海戦論議を活性化させた功労者は戸高一成である。一九九一（平成三）年六月号『中央公論』に載った彼の「日本海海戦に丁字戦法はなかった」に端を発する。「なかった」というのは、一九〇五（明治三八）年五月一七日の「奇襲隊による連携水雷作戦」が、「丁字戦法にとって代わった」ので、丁字戦法は消滅したという意味のようである。やや分かりにくい論旨の文章であるが、戸高はまず「五月二二日戦策」？（「四月二二日戦策」のことだが彼は一貫して「五月」と誤記する）には、「並航戦（同航戦）と丁字戦法というまったく相容れない」命令が併存しており「重要な部分で大きな矛盾を内蔵していた」と書く。これは一応正しい。

ところが「具体的な作戦指示の中では、（八月一〇日の失敗から）はっきりと丁字戦法が姿を消した」とも書く。論理矛盾がある。「はっきり消えた」なら、同航戦との矛盾そして命令の併存状態など起こりようがないではないか。わたしは「はっきり姿を消した」ともいえないので、「後退した」と表現してきた。そして同戦策の「第一戦隊は敵主力に持続戦で当たり」とある「持続戦」とは同航戦のことであると書き（田中も同じ認識）、一九〇四（明治三七）年の一月九日戦策に比べ丁字戦法が後退していると指摘した。四月一二日は、東郷の意を踏まえた嶋村の提案であり、丁字戦法を消去処分まではせず、後退した表現に留めたのは秋山への配慮だと考えるからだ。あるいは役目上、文章化は秋山自身だとすると、消去まではさせぬという一寸の虫にも……の自己主張だったのかも知れない。

開戦初年は丁字戦法、対バルチック艦隊戦に絞られた二年目は同航戦が基本戦術となっていたのだ。つまり旅順とウラジオストックに基地をおくロシア艦隊との黄海・日本海での対戦を前提とした初年は、意志あるもの同士の出撃対戦として縦横無尽の動きを可能にする丁字・乙字戦法がとられてよい。だが、二年目においてバルチック艦隊の主目的は、会戦を避けて（すり抜けてでも）ウラジオストックに駆け込むことであった（ロジェストウェンスキーは日本艦隊が対馬と津軽と宗谷に三分割して待っていると予想し、対馬海峡の突破、つまりウラジオ駆け込み自体は容易と考えていたという説もあるが、そうなら脳天気な指揮官ではある）。

このウラジオ駆け込み方針への読み、つまり常識がわかっていたかどうかが、嶋村・藤井・東郷（同航戦）と秋山（固定式丁字戦法）の差となった。「四月一二日戦策」（戸高では

「五月一二日」）は高らかな「同航戦」宣言なのである。核心に触れながらこの点を明確に自覚しなかった戸高譚の迷走が始まる。

戸高によると、同航戦による砲戦が主戦法になったが、戦闘初期に相手の隊列先頭に打撃を与える（縦棒の前を横棒が横切る原理的な丁字戦法理解）きっかけがなくなってしまった――そこで「東郷長官としてはどうしても新たな作戦の考案を必要とした」のだとする。秋山やだれ云々ではなく、東郷自身が最後の必勝作戦として新たな作戦、つまり連携水雷作戦を位置づけていたということだろう。『極秘戦史』を読み込めば作戦上で、東郷がこういう追い込まれた状況にあったわけではない。本末転倒の論である。極めて論理的な経過で、つまり〇四年の八月一〇日の体験を踏まえて、むしろいち早く同航戦の意思表示をしていたのだ。

戦略転換の必然を自覚せず、自らの存在理由が危うくなって「どうしても新たな作戦」、つまり連携水雷作戦をひねりだす必要に追い込まれたのが秋山であった。戸高がいうように「打撃を与えるきっかけがなくなって」もいない。仲良く並んでハイどうぞ――の園児の行進ではあるまい。相手の先頭艦スワロフを掣肘するような角度で同航戦に入っていけばいいいのである。実際、みごとにそうした（そしてそれこそが丁字戦法であるという新たなこんにゃく問答が生ずるのは後述する）。

戸高論では、「バルチック艦隊来航の情報に接し、聯合艦隊司令部では、丁字戦法に代わる新しい戦法の研究に躍起となっていた。明治三十八年五月十七日、日本海海戦のわずか十日前……丁字戦法に代わるべく追加されたその作戦は、日本の海軍ばかりか、世界の海軍にとってもまったく前例のない新兵器を用いた画期的なものであった」そうだ。戸高のいう「五月二一日」からわずか五日後に世界に冠たる作戦を完成させたわけだ。

実際には第九艇隊が登場する「四月二一日戦策」(戸高にこの戦策の認識はない)以来、その非常識な作戦の撤回に躍起となっていたのは藤井らであり、それは、東郷の本心を汲んだ行動でもあった。「四月二一日」を「五月二一日」と書く戸高に、「四月二一日」は存在のしようもない。また秋山作戦を却下した「五月二一日戦策」の認識もない。彼の意識のなかでは本戦の日まで「五月一七日」奇襲作戦が継続しているのである。

戸高譚が佳境に入るのはここからである。秋山の五月一七日戦策こそ「丁字戦法に代わる新しい戦法」としてこう断言する。「丁字戦法を失った聯合艦隊にとって、この奇襲隊の作戦の正否こそ、バルチック艦隊を迎えるにあたって聯合艦隊勝利のための最大最後のキーポイントだったのである」。ところが二七日早朝、偵察艦から「敵艦発見」の無電が入ったとき、鎮海湾は風が強く海面は荒れ、「秘策、奇襲隊作戦が実施できない恐れがあった」。そこに飯田久恒参謀らが大本営への出動報告の草案、「敵艦見ゆとの警報に接し、聯合艦隊は直ちに出動、之を撃滅せんとす」をもって現れる。

これを見て秋山はやや考えた後、「本日天気晴朗なれども波高し」と加えた。戸高創唱説が現れる。「言うまでもなく大本営に対して「奇襲隊作戦が決行できない恐れがある」との意味を暗に含めた内容であった」と。いわゆる「波高し」暗号説である。繰り返すが、奇襲作戦は六日前に正式にボツになっているのである。

当日、奇襲隊のフリをした水雷艇隊が第一戦隊のあとについていたことは書いた。東郷は波に弄ばれる姿を見て、午前一〇時過ぎ、「奇襲隊列を解く」と信号した。ここで戸高は「この瞬間、東郷長官は対バルチック艦隊戦策最大の要であった奇襲作戦を放棄したのであった」と。つまり、通用しない丁字作戦に代えて立てた、当の奇襲隊作戦もまた失われたということだ。すべては失われた、嗚呼！　従ってバルチック艦隊と遭遇したとき、「今日、このときの東郷長官の心中を窺うことはできない」と。

このあたりの戸高の書くところを拾うと――。「刻々とバルチック艦隊との距離は近づいていたが、一筋に練り上げて来た作戦がすべてなくなり、三笠艦上では戦闘指導の方針が決まらずに、敵を目前に見ながらも幕僚たちの並航戦か反航戦かの討論が続いていた。……ここに到って東郷長官は距離八〇〇〇メートルを確認したうえで、戦策に従って並航戦に入ることに決心し……（丁字戦法も連携水雷作戦も吹っ飛んでしまったので）東郷長官に残されたものは英国製の軍艦と、練り上げられた闘争心だけであった……（あの完勝も）わが身を削るようにして立てた計画のすべてが無となってしまい、白紙の状態で闘った結果の勝利だったのである――云々」（傍線引用者）と。

ここで白紙といいながら、「戦策に従って」とはどういうことなのか。その場合の戦策とはどれを指すのか。「五月二一日（戸高の）」なのか。少なくともそれがあるなら「すべてが無」ではなかろう。「白紙の状態」になったとは、すべてがパアになったということである。改めて戸高の論旨をまとめると、「予め失われた丁字戦法」→「奇襲隊の連携水雷作戦」→（荒天下で放棄）→呆然自失状態→（天来の）戦策による同航戦？となるのだろう。それなら最初から粛々と同航戦をすればいいではないか。ともかく、戸高は強力な「日本海海戦に丁字戦法はなかった」論者として論壇に登場する。

明確にわかることがある。戸高は一連の戦策を読んでいない。あるいは彫り込むような読みがない。戸高にあるのは基本的にオモロイ作戦の五月一七日だけなのだ。とくに「五月二一日」の認識不在は致命的である。この戦策は戸高説が成立しないことの証明である。国家の存亡がかかった戦いに、気の抜けたビールのような六日遅れの暗号電はナンセンスである。実際には中央幹線上に占位しての同航戦という骨太の戦略があった（戸高は「日本海海戦に丁字戦法はなかった」を二〇〇四年刊の半藤一利との共著『日本海海戦かく勝てり』（ＰＨＰ研究所）に参考資料①として収録しているが、ここでも「五月二二日」のままである。なお参考資料②「連合艦隊機密」として載せている文章中では、「並（同）航戦が最重点であり、連繋水雷攻撃がかなり思い切った極秘作戦であることが察せられる」と、同航戦への力点シフトを図っている。天来の策の具体化の必要を感じたのだろう。後述の半藤・同航戦論への寄り添いでもある）。

波高し電文の原作について書いておく。じつは東京の中央気象台の予報官・岡田武松（一八七四～一九五六、後に中央気象台長兼海洋気象台長、東京帝大教授）が前日書いた予報文が、当日朝までに大本営経由で秋山の机に届いていた。須田瀧雄著『岡田武松伝』（岩波書店、一九六八年）によると、「天気晴朗なるも波高かるべし」（三八頁）である。同書によると、「三八年五月二十六日六時の天気図に、岡田は喰い入るように見入っていた。中心示度七四八ミリメートル（九九七ミリバール）の低気圧が九州近海に、七四二ミリ（九八九ミリバール）のかなり優勢なものが遼東半島附近にあって、西日本から朝鮮、遼東半島まで雨が降っている。いつも鋭い彼の眼光は……暫く瞑目した後、戦場と推定される海域の明日の予報を一気に書き下した。漢詩を好む彼らしい文であった。〝天気晴朗なるも波高かるべし〟」。

岡田の文学心が秋山に伝播し共鳴したのだろう。オリジナルではないにしろ、緊迫下で作動した秋山のセンスは十分認めていい。このときの状況を戦役中、三笠にあって秋山の下で行動を共にした参謀・飯田久恒は後年こう書いている。「報告文（の前段）は、実は、自分達若手の参謀が執筆した。「敵艦見ゆとの警報に接し、聯合艦隊は、直ちに出動、之を撃滅せんとす」此うかいて、長官の許しを得た後、打電しようとした刹那。「飯田、一寸待て、俺が一筆加える」彼がさう云つて附け加へたのが末尾の一句。「本日天気晴朗なれども波高し」、これによつて、端なくも情景髣髴、生気躍動するやうな名文章となつた」（松田秀太郎編著『世界的偉人 秋山真之将軍』一九三一年）と。信用していいし、まさに情景髣髴・生気躍動の文学的秋山像が成立した。

ただ、わたしが傍線を入れた部分を注目してほしい。飯田らが作っていた予定稿「敵艦見ゆとの警報に接し……之を撃滅せんとす」を東郷に見せて、許しを受けた後、「波高し」は秋山が一存で入れたということなのだ。戦闘直前での作戦変更を意味する重大な報であるなら、長官の許可もなく発信できるはずがない（そもそもその作戦は六日前にボツ）。秋山の万感を込めた個人的付加文に違いないのである。東郷は苦々しかったに違いない——後々有名になるにつけても。

奇襲作戦図が付された「五月一七日戦策」は実際面白い。面白いだけではない、『極秘戦史』中でも白眉の史料である。こういうものに行き当たった際の歴史探求者の気持ちは、わたしもわかるつもりである。戸高も飛びついたに違いない。但し、白眉の意味合いはわたしとは根本的に違う。戸高には「開発当初より秘密兵器であったために一切の連携機雷関係の事実の公表が禁止された」という、優れた兵器ゆえの高度の機密性認識がある。

そうではないだろう。東郷にすれば朝令暮改の変更の上、児戯に等しいこんな策がひとたびにせよ正規作戦の位置を占めたという事実を恥じたのだ。事後的に、そんな作戦とはまったく関係なく、あまりにみごとな勝利ゆえにますます、である。戸高が書く「以後、東郷大将は一層寡黙になり、日本海海戦の当日のことをほとんど話さなくなった」はこういう意味でなら理解できる。

本質的に寡黙で、やや小心、そして姑息でさえある常識人（ことの途中では終始曖昧ながら大勢の決したところでは確かに大胆な断をくだす）ではあったようだ。沈黙は金という伝統的な価値観もあった人に違いない。その金には謙虚さと同時に打算もある。ともかく奇(珍)策は完璧に隠し込んだ。そのために小笠原長生による「絶妙なタイミングでの敵前大回頭、必殺の丁字戦法」という大衆向けドラマ化が功を奏した――という戸高の指摘はまったく同感である。さらには、開封されざる秘策として一部にそれとなく語りつたえられることで、古今伝授効果も生じたようだ。先の松田編著にはそれは「永劫の絶対秘密」という重々しい表現もある(二一六頁)。

秋山についての戸高の弁、「戦後海軍大学校教官となったおりに、「自分はこの戦争で国に奉公したのは、戦略・戦術ではなく、ロジスチックス(職務)であった」と語るようになった。これは、裏返せば、連合艦隊作戦の中心であった秋山参謀が脳漿を絞った丁字戦法と奇襲隊策戦のいずれもがまったく戦果をあげ得なかったことに対する慚愧の想いからであったのかも知れない」(注=ロジスチックスの訳はこの場合、事務方あるいは後方業務がいい)。これは鋭い指摘だと思う。ただ、現実の秋山は戦役後、「丁字戦法」はひそかに、そして「開戦後三〇分で勝利」を強く主張するようになるのだが。慚愧の念という表現はわたしの受ける感じとは少し違う(いぜん自信家である)が、彼の心の奥深くに巣くう挫折感を突いているのは確かと思う。

この点、田中宏巳は後述の『秋山真之』で「日露海戦わけても日本海海戦の劇的勝利は、秋山兵学の正しさを立証したものと海軍内部で受け止められ、秋山の『海軍基本戦術』『海軍戦務』（注＝秋山の日露戦役前の海軍大学での仕事とされる）もいよいよ評価を高めた」（一二〇頁）と書くが、この点は戸高説の方が正鵠を射ている。秋山は東郷体制からはじきだされていくのであり、戦争終結とともに元職場の海軍大学に復帰するのも「軍当局が秋山兵学の完成を期待した」（同）のではなく、軍のラインから外されたと見るべきだろう。戸高の説は、秋山賛美本の洪水のなかでは確かに一味の違いを示している。

ところで戸高の「丁字戦法はなかった」論には強力な同調者がいた。田中宏巳である（実はいま現在、田中は「丁字戦法はあった」論の主要な担い手なのだが、話がややこしくなるので追々説明する）。田中は一九九一（平成三）年六月発行（つまり戸高論文が掲載された『中央公論』と同月）の学習研究社刊『歴史群像シリーズ24・日露戦争：陸海軍、進撃と苦闘の五百日』に、一文「連合艦隊の戦術の実像・日本海海戦のT字戦法は幻の戦法だった」を発表している。

そのなかで「（連携水雷作戦は）白波の立つ荒模様で、実施はむずかしかった。これを大本営に伝えようとしたのが、実際と違う（注＝通説で考えられている意味とは「違う」の意か）「天気晴朗なれど……」の電文であったと考えられる」。さらに「大角度の転針が有名な敵前大回頭であるが、それが同航戦の開始のためでありT字戦法のためでなかったことは明々白々である。また同航戦への回頭の過程に東郷の存在が全く目立たないことも注目する必要があろう」と。波高し電文暗号説、丁字戦法否定、そして茫然自失論と歩調を合わせている。タイトルからして戸高との連携がうかがえる上、文末に「本編の執筆に当たり戸高一成氏の助言をいただいた。改めて謝意を表します」とある。論における蜜月時代だったのだろう。

この時点で、田中の研究は小笠原長生に向かっており、『極秘戦史』の戦策変遷にはあまり関心がなかったのだとわたしは推測している。プロの田中が読みこめば、戸高の暗号説など成立しないことはすぐ読み取ったはずなのに、である。が、田中は二〇〇四（平成一六）年刊の『秋山真之』（吉川弘文館）でも、波高し電文が「連携機雷敷設作戦が実施困難であることを暗示していた」（一九八頁）と記す。暗号が暗示にしろ、である。この本では戸高とはさすがに違い「四月一二日」「同二一日」「五月一七日」を書いている。だが、水雷作戦を取りやめて元に「戻る」肝心の「五月二一日」を落としている。これを入れると、ロマンの香りがしないでもない暗号説が崩れてしまうからなのか。まさかとは思うが、よく分からない。

田中の一連の戦策論（五月二一日は欠落）は前掲書（『秋山真之』）に初めて現れるのだが、

一九八一（昭和五六）年の自身による『極秘戦史』の提示から二〇年余という時間にやや驚く。研究者なら最初にここに関心がいくのではないかと素人のわたしは考えるからだ。ともかく、その理解を見ておくと、四月一二日では「敵主力に対する持続戦すなわち同航戦」と核心を押さえている。

しかし同二一日は「黄海海戦の反省に基づき『第一戦隊は敵の主隊を抑へ、其先頭を圧迫攻撃し其転針する方向に向首して之と戦闘を持続す』と、丁字戦法の強化が追記された」（傍点引用者、一九五頁）と、戦策中の追記（追加）部分の説明をする。既述のようにこの戦策の核心はその冒頭に図示された（本書【図b】一九頁）、実質第二戦隊を先頭に出す艦隊序列の逆転なのである。これについて田中は一言もない。ちょっと注意して欲しいのだが、前記引用「」内の『』部分は『極秘戦史』からの直接引用であり、その余は田中の地の文である。『』はまさに八月一〇日黄海海戦で丁字戦法がダメだったから同航戦を行うという、東郷の意を踏まえた作戦の基本転換を意味している。丁字戦法という言葉は一切使われていないのだ。これを田中は「丁字戦法の強化」という解釈にもちこんでしまっている（おそらく「丁字戦法はあった」への変説の論拠ともしたのだと思う）。

この戦策にはもう一つ核があった。第九艇隊による水雷攻撃である。真昼間の主力艦隊同士の砲撃戦下に、水雷艇隊が割って入るものだ。この第九艇隊についても田中は一言もない。わたしは水雷艇作戦および艦隊序列の逆転は、次の本音の作戦、五月一七日戦策を導くジャブ（伏線）であることを書いた。それ故に四月二一日戦策の核心部なのである。

田中は追加部分につきさらに「敵主力の後方に並ぶ敵巡洋艦群に対する「乙字戦法」すなわち挟撃を行って撃滅をはかるとされ、従来の戦法が確認された」と書く。この「乙字戦法」も「挟撃」もこの戦策中にはない言葉で、田中の地の文での解釈表現なのである。ただし、同戦策の文章を要約表現してしまえばそういうことである。つまり、書き手（秋山）はその言葉の直接表記を避けた——そこに本質がある。それらは確かに「従来の戦法」（つまり丁字乙字など）を意味していたけれど、すでに直接表現はできない状況にあったのだ。

が、秋山は一方で第九艇隊作戦を曖昧な形ながら提示していることもあり、次の過激な作戦転換（水雷ロープ策）の意思を少しでも嗅ぎつかれないため、それほど過激な変更はしませんよ、とのニュアンスを漂わす必要があった。カモフラージュのための付記なのである。田中は核心部に触れないで、その付記部分だけを正確さを欠いて解釈的に書いた。ただ、秋山が文章表現化し得なかったことを、百年ぶりにストレートに書いてしまったとはいえる。

『坂の上の雲』で司馬はこういう描写をしている。「（双方の形態変化に合わせて常に敵の前面をおさえこんで行く運動方法を）秋山真之は古水軍から言葉をとって、「乙字戦法」と名づけていた。艦隊そのものが乙字運動をくりかえすのである。このため、ロシア側のある幕僚は悲鳴をあげるように、「三笠はいつもわれわれの前面にいた」と、魔術師の魔法を見たように語っていた」（文庫本八巻一六二頁）。司馬が何から引用しているかわからないが、田中はあるいはこれに力を得たかもしれない。後述するが「いつも前面にいた」と感じさせたとしたらそれは艦隊ダンスしていた三笠の第一戦隊ではなく、第二戦隊のことである。

いずれにしても、戸高の「なかった」論に強く同調した人、あるいは共同提唱者といえる人が、今や「丁字戦法が強化された」と書く。変説である。理由は何なのか――。研究が深まるなかで、その展開とともに論が変わることは当然あることである。ただ、それを明確にしておくことは研究者としての責務ではないか（後述のように丁字戦法論自体はほとんどナンセンスなものとはいえ）。別の個所では「絵に描いたような丁字戦法が実現し」（『秋山真之』二〇〇頁）という賛美表現もしている。上記引用部で田中が繰り返す「黄海海戦の反省云々」も、まさに丁字戦法ではだめだ、という認識を示す言葉だったはずだ。この点では「並航戦（同航戦）と丁字戦法とはまったく相容れないもので、重要な部分で大きな矛盾を内蔵していた」という戸高の方が論として筋が通っている。せっかく「同航戦」の認識をしながら、田中には四月一二日と二一日の両戦策間にある作戦思想の根本的違いの認識がない。

この四月時点は、艦隊司令部レベル（秋山を除く東郷、加藤、嶋村）では丁字戦法、従って乙字戦法も明確に排除されており、「次は同航戦だ」という東郷の言葉が重く響いていたときである。先任参謀で作戦記述者の秋山が一人孤塁を守っていたという状況だ（加藤はやや微妙、というか立場をわきまえた冷静な調停者）。熾烈な戦術的葛藤である。それでも二一日の「追加」で丁字・乙字戦法をあえて暗示したのは、一九〇四（明治三七）年の一月九日戦策（丁字が主役）以来、作戦を主導する者としての自己主張を込めたものと見ていい。その一方で、包囲網下、もう従来の丁字戦法だけではいかないという自覚は十分あったはずであるし、自らの存在理由をかけて同航戦論も乗り越えなければならないという覚悟もあっただろう。止揚作としての連携水雷作戦なのである。微妙にしてパラドキシカルな立場にあった。

田中は一九〇五（明治三八）年四月二一日の根幹（艦隊序列逆転と第九艇隊作戦）を落としたまま、五月一七日の連携水雷作戦の説明に移っていく。基本的には野村と同じ、一連の作戦の発展的展開と見ているのがわかる。藤井らによる秋山新作戦への阻止行動の記述はまったくない（北方移動阻止については触れている）。そして、「五月二一日戦策」は無視し去る（野村は内容の説明はないものの五月二一日自体は明示している）。じつは田中は『秋山真之』に先立つ一九九九（平成一一）年七月刊の『東郷平八郎』（ちくま新書）で、すでに「連合艦隊は、バ艦隊（注＝田中は一貫してこう略すのだが、四文字程度の節約で文章の品格を損なうのは残念）の頭を押さえつつ同航戦に入った。海戦前に計画された丁字戦法の実施である」（九六頁）と書いている。ここは野村の「（戦策変更は）いずれも丁字戦法を成功させるための手段でしかなく、基本は丁字戦法で、奇襲隊の編成は付属する枝葉に過ぎなかった」（前掲書二一三頁）に寄り添っているように見える。

精緻な読みで師・野村の論を乗り越えていったのが菊田愼典であったが、防衛大学校内の人脈では異なる系譜らしい田中が、東郷評価は別にして作戦論では野村説を素直に継承しているように映る。新・田中説には、同航戦への入り方に丁字戦法を限定化するというズラシを見て取ることができる。『東郷平八郎』が刊行された当時、『歴史群像シリーズ24』掲載文との違いに驚いたわたしは、変説の理由を手紙で田中に問うたが返事はもらえなかった。

ちなみに司馬の同作戦観を『坂の上の雲』の例の回頭（ターン）時の叙述で確認しておこう（改行略）。

……ロジェストウェンスキーの艦隊は、二本もしくは二本以上の矢の束になって北上している。その矢の束に対し、東郷は横一文字に遮断し、敵の頭をおさえようとしたのである。日本海軍でいうところの、『丁字戦法』を東郷はとった。丁字戦法の考案は、秋山真之にかかっている。……（それはかつて入院中、小笠原長生から借りた能島流水軍書からヒントを得た）……ただこの戦法は実際の用兵においてはきわめて困難で、味方の破滅をまねくおそれもあった。げんに、敵とあまりにも接近しすぎているこの状況下にあっては、真之もこれを用いることに躊躇した。三笠以下の各艦がつぎつぎに回頭しているあいだ、味方にとっては射撃は不可能にちかく、敵にとっては極端にいえば静止目標を射つほどにたやすい。……稀代の名参謀といわれた真之でも、もしかれが司令長官であったならばこれをやったかどうかは疑わしい。かれはおそらくこの大冒険を避けて、かれが用意している「ウラジオまでの七段備え」という方法で時間をかけて敵の勢力を漸減させてゆく方法をとったかもしれない。が、東郷はそれをやった。（文庫本八巻一一二〜一三頁、傍線引用者）

東郷がやった敵前回頭については、「海軍戦術一般の原則にはなりにくい。東郷をとりまいている諸状況のなかでのみ成立しうる特異例として考えるべきだろう」という批評が、各国海軍筋のおおむねの感想であった。（同一一六頁、傍線同）

司馬は丁字戦法の考案者は真之と認め、本戦での実施は真之自身は躊躇するところだったが、東郷が断行した――つまり本戦は丁字戦法であったと明言する。今の田中には何よりも強力な味方と感じられるところだろう。司馬の、真之が別に「七段備え」を用意しており、それは丁字戦法の成功で実施されなかったという解釈に留意したい。二つの戦法がどう関連しているかは述べられていない。素朴に二つとも受け入れていることがわかる。天才・秋山なのである。上記引用の少し後、こういう叙述が現れる。「東郷は……彼我八千メートルというぎりぎりの瞬間で数学的総合をし、判断をし、とっさに結論をくだし、断行した」（同一一七頁）。司馬が必ずしも東郷愚将論ではないことがわかる。むしろ薄ぼんやりした男どころか、東郷天才論である（ここは田中と違うところだろう）。「有名な敵前回頭がはじまった」という表現もある。

引用の傍線部だが、おそらく司馬は後述の水野廣徳の『此一戦』の該当部を参考に書いていると思う、むろん自身の文章にしてだが。なお水野著には、東郷軍令部長下の戦史編纂作業ですでにタブーだった「丁字戦法」はもとより表れず、後に小笠原長生が流した虚説「七段備え」もない。昭和製の「敵前回頭」などむろんない。

戦役後の秋山自身の丁字戦法への言及も見ておこう。一九一七（大正六）年刊『軍談』中の八月一〇日「黄海海戦の回想」の章で、「東郷大将の戦法は、日本海海戦の時と少しも異なる所なく、例の丁字戦法で……理想的絶好とも謂ふべきであつた」（傍線引用者）と書く。しかし、肝心の次章「日本海海戦の回想」では丁字戦法という表現は全く登場しない。「少しも異なる所」がなければ、本来書くべきこの章で書けばいいとわたしは思うのだが。屈折した心境がうかがえるのである。ただ戦役後の海軍大学教官時代に講義用に書いたらしい「海軍基本戦術第二編」（原本コピーで閲覧）では「敵艦隊の先頭に丁字を画き得たるは対戦上の好位置を得たるもの……」という表現がある。やはり本音は丁字戦法なのだが、ソッと出しの感は否めない。

ちなみに、奇襲作戦については明言することなく、さらに深い沈黙を感じさせる。

2 「暗号説」に朝日新聞がお墨付き!?

戸高説に厳しい書き方をしたが、それは定説化した日露海戦論に新たな問題提起をしたものとして評価しているが故である。確かに一つの神話を崩したのだ。日露戦争百周年を控えた二〇〇〇（平成一二）年ころから読書界、学会、メディアなどで日露戦争に関するテーマが目立つようになってくる。連動して『坂の上の雲』も再脚光を浴びることになった。NHKによるドラマ化計画が流れに大きく棹さした。戸高自身もその流れに乗り、日露海戦の専門家として一応の論壇的地位を確立していったようである。むろん一九九一（平成三）年六月号『中央公論』に載った「日本海海戦に丁字戦法はなかった」がきっかけだ。が、もうひとつのステップがあった。

一九九八（平成一〇）年五月一〇日付け朝日新聞に、戸高の暗号説が大きく報じられたのだ。朝日新聞では世紀末企画「一〇〇人の二〇世紀」と題して九八年一月から九九年年末まで、世紀の代表的な百人を選び各回読み切り方式で計百回、日曜版に連載した。第一面と第三面に渡る大型連載記事で、一面は紙面の半分近くを占めるインパクトのあるカラー写真が売り、第三面が記事内容だ。むろん全国版である。その第一九回目に登場したのが「東郷平八郎」だった。一面写真は横須賀港に陸上保存された三笠で、三〇センチ砲二門が並ぶ艦首部分が、マスト上から垂直に見下ろす角度で撮られていた。巨大な一本見出しは、「『波高し』は暗号だった」――。本文の前文はこうだ。

「敵艦見ゆとの警報に接し連合艦隊は直ちに出動……、本日天気晴朗なれども波高し」

一九〇五年五月二十七日早朝、東郷平八郎指揮の日本連合艦隊はロシア・バルチック艦隊発見の報を受け、東京の大本営に打電した。その日昼過ぎ、対馬沖で「敵前回頭」を演じ、完勝を収める。明治日本のハイライト、日本海海戦である。電文の「本日」以下は、その朝の天候を見て加えた、ゆとりの一筆といわれてきた。実は「波高し」は暗号であり、その裏には実施されなかった極秘作戦が隠されていた。

本文も戸高の論を踏まえて展開されていく。秋山考案の奇襲作戦は「荒れた海では難しい。三笠は午前六時過ぎ、電文を発して朝鮮半島南端の鎮海湾を出港するが、夜来の風浪はやまない。同十時過ぎ、東郷は機雷作戦の解除を決めた。電文の「波高し」は、「この荒れた海では作戦放棄もありうることを了解しておいてほしい」と、大本営に事前了解を求めた暗号だった」。

続いて、「新しい作戦命令が出されないままの（注＝本来の戸高説では奇襲隊作戦は丁字戦法を棄てた後の最後の切り札だから、奇襲策を捨てると何もなくなってしまう）午後一時過ぎ、日本艦隊の正面に霧の中からロシア艦隊が現れた。十キロ余。すでに射程内だった。このまま進むと「すれ違い戦」（注＝反航戦）になってしまう。その場合は一瞬の砲戦で終わり、多くのロシア艦が目的地ウラジオストック入りを果たす。どうするか。艦橋の司令部では激しい議論があった、と伝えられる。しかし、東郷は黙ったまま動かない。彼我の距離はどんどん縮まる。……戦機を逸したかという空気さえ流れた」。と、そのとき、「砲術長の安保清種《あぼきよかず》少佐が、大声で東郷を怒鳴りつけた。「どちらの舷で戦をなさるんですか！」敵全滅を課せられた日本艦隊に、すれ違い戦は許されなかった。早く回頭命令を、という催促である。東郷は回頭を指示した。すれ違いになるぎりぎりのタイミング」。部下に怒鳴られて、ハッと我に返ったように描かれている。ここで田中も登場してこういう記事文章となる。

「田中宏巳・防衛大教授はこの間の事情をこう説明する。「奇襲策が取りやめになった上、思わぬ真正面で敵に出会ってしまった。艦橋にはそんなあわてぶりがうかがえます。このときの東郷は存在感が薄く、指導力を欠いていた可能性はあります」と。記事背後から暗号説・茫然自失論でタッグを組んだ戸高と田中の姿が浮かぶ。

艦橋の司令部内での激しい議論とは、副長の松村龍雄の回想録として田中が前掲「学研歴史群像シリーズ」掲載文ほかでよく提示しているものだ。こういう内容だそうだ。「我れは戦闘速力で進むのであるから、刻一刻に敵に近づき、最早一万以内に思わず入ってしまったのである。これがため反航戦をするか、同航戦をするかとの議論が艦橋に於て起こるに至った。こんなに接近して未だ射撃準備も出来上がらないのに、同航戦をするため、針路を転ずるときは多大の損害を受けるから、一時反航戦をして好機会を待つにしかずという論と、そんな事をすれば敵を逸する恐れあり、何でも同航戦をして雌雄を決すべしとの論が起こった」。田中は別の論文では松村が艦橋にいたわけではなく、後に伝聞として得た情報である可能性も書くが、松村は藤井較一の証言を明らかにした人物であり信用はできる（ただどういう形態の文書で、どこに所在するかなど明らかにしてくれた方がいいと思う）。

東郷と加藤の二人は、秋山と藤井らの激しい戦策論争を通じすでに中央幹線上に占位した同航戦戦略で意を通じているのだ。刻々迫る事態のなかで蚊帳の外の幕僚たちは気が気ではない。論議の形をとっての意見具申なのである。ぎりぎりの集約点で砲術長・安保の「どちらの側で戦いをなさるのですか！」の怒声となった。すぐに東郷からターン命令が出た。三笠艦長の伊地知彦次郎は「えっ、取舵（左折）なさるのですか」と反問した。艦長にもその方針が伝えられていなかったということである。むろん秋山抜きである（ここでわたしは前著『日本海海戦とメディア』で「東郷、加藤の了解の下、操艦指揮は秋山がとっていた」（二二九頁）と、秋山を含めた三者連携として書いたことを訂正させてもらう。秋山神話批判をしながらまだ神話のなかにいた)。作戦はすべてトップの頭の中という英海軍のやり方のようだ。

さて朝日の記事であるが全体に見てきたようなルポ調ではある。本文末尾に「文・木村勲」の署名。恥ずかしながら……わたくしめの記事です(写真は天田《あまだ》充佳カメラマンが三笠のメーンマスト先端部までよじ登って撮ってくれた)。前半は戸高の暗号説をベースに、後半は昭和初期、強引な海軍増強論を通じ軍国主義化の権化となった「その後の東郷」を田中の成果に学びながら書いた。時の先端をゆく論者二人――お二方とも先生なのである。行きずりの迷惑千万な弟子ながら、その学恩に報いるために力を込めて本書を書いている。

取材で戸高を新橋駅近くのビルに訪ねたのは一九九七(平成九)年一二月二日のことだった。「戦没者追悼平和祈念館(仮称)設立準備室」という肩書の名刺をもらった。時の厚生省が進めていた事業の準備室で、曲折を経て九段にある現在の「昭和館」となった。折り畳み椅子と安物テーブルの寒々とした一室で、戸高は紙片に丁字戦法を図示しながら、海軍のことなど何も知らないわたしに丁寧に教えてくれた。いまも感謝している。軍艦マニアの少年だったこと、美術系の大学で学んだということを謙虚に語っていた。

ところで、なぜわたしが東郷を取材することになったかだが……。世紀末企画として「一〇〇人の二〇世紀」の取材班が全社的に組まれたとき、わたしは大阪本社学芸部から参加した。二〇世紀を代表する一〇〇人ではなく、個性的な一〇〇人（必ずしも著名であることを要さない）を通して二〇世紀という時代相を描いていく――という企画の趣旨説明を取材班キャップの松本仁一（外報部編集委員）から受けた記憶がある。それぞれの担当分野を軸に一〇〇人の候補が絞られ、希望する形で担当者が決まっていった。自由民権運動のなかから政治と文学におけるロマン主義が、かつもつれかつ分離しつつ生じてくる過程を、細々ながら関心をもってきたわたしは、与謝野鉄幹に収斂する形で文献を読んでいた。晶子の「君死にたまふこと勿れ」は直接の関心のうちであり、この際、旅順の攻防を直接調べるのもよかろうと考え、東郷を引き受けた。文学・歴史担当だったことからほかにヘミングウェイ、チャップリン、ピカソも担当した（現在『一〇〇人の二〇世紀』は朝日文庫に上・下で収録されている）。

東郷の取材では当然会うべき田中になぜか会っていない、電話と手紙のやりとりをしたようだ。改めて当時のファイルを調べると、田中は論文「昭和七年前後における東郷グループの活動――小笠原長生日記を通して――（一）（二）（三）」計四四枚に渡るコピーを送ってきてくれている。奥付が付いていないので、いつどこに掲載したものか不明なのが残念だが、『東郷平八郎』のベースとなった論稿であることはわかる（同書の巻末参考文献にもあげられているが、やはりどこに掲載したかは記されていない)。

同論文コピーに添えられた手紙で、「なぜ」が分かった。ご家族が入院中の上、学内業務に忙殺されているとのこと。そしてわたしの問いに対して答えるのに電話や手紙で尽くせないとの思いから、論文を同封してくれていたのだ――つくづく忘恩の徒であると思う。だが、研究者としてはやはり進んで行かざるを得ない。新聞社を退職した後、二〇〇四(平成一六)年から現在の大学に奉職したのだが、自分の書いた先の記事にどこか引っかかる思いが残っていた。やはり、暗号問題である。疑い深い性質なのだろう。自ら報じたことへの責任もある。生来の史料へのこだわりも加わり、直接『極秘戦史』に向かうことになった。それが、〇六(平成一八)年の『日本海海戦とメディア――秋山真之神話批判』(講談社選書メチエ)となった。自分自身ではあくまで文学・思想史の脇道の仕事である。これ限りで終わりにする積もりであったが、〇九(平成二一)年に巻き起こった『坂の上の雲』ブームの惨状を見るに忍びず、続・脇道である本書に取り組むことになった次第である。

日露戦争百周年が近づいてきたころから、雑誌の対談に戸高の姿を見かけるようになった。書店の店頭でちらと立ち読みする程度なので、正確なところは提示できない怠慢をお許し願いたい。よく、半藤一利（一九三〇〜）とのコンビで登場していたと記憶する。そこでは暗号説が強調されていた。〇四年四月つまり開戦百周年の年、対談形式の共著『日本海海戦かく勝てり』（PHP研究所）が出た。双方が主張を一書にまとめておこうという意図だろう（東郷の「連合艦隊解散の辞」の肉声朗読CD附録付きという力の入れ方である）。帯カバーには「「丁字戦法」は使われなかった！　海軍がひた隠しにした機密作戦とは？　日露海戦から一〇〇年、驚愕の真実を明らかにする」とある。一読して、驚愕の真実とは「世界の海軍史上にない画期的な新兵器」による奇襲作戦が考案されたこと、それが直前に実行不可能となり、そのことを暗号で知らせたのが有名な「波高し」電文であったということのようだ。

半藤が積極的に戸高説を支持している。例えば「「天気晴朗なれども波高し」の真意は、連携水雷作戦は多分できませんよと軍令部に暗に知らせたものだと私も思いますよ」（九五頁）というと、「だけど、この解釈にはまだまだ多くの人が反対していますがね」と戸高が引き取る。東郷神社あたりを中心に反対・抗議の意見が圧倒的だったそうだ。そうだろうとわたしも思う。作戦実行不可の可能性の予告には、責任の事前回避という姑息な感じが醸し出されるのだ。私の記事にも批判が来た。ただし右サイドではなく、司馬の一方の支持層である進歩派と思われる人々からだ。それは秋山真之のイメージに合わない、ということのようだった。東郷とは違うぞ、ということだろう。神話の主役の東郷から秋山への移行を物語っていた。

半藤は「あとがき」でさらに踏み込んでこう書く。「戸高さんの「日本海海戦に丁字戦法はなかった」という論文が発表されたときから、わたくしはずっとその説に敬意をはらいつつ支持してきているのです。同時にその前提としての、水雷艇隊による連携水雷作戦に賛同しています。というよりも、戸高論文の発表前から、独自の探偵調査に基づいてこの連携水雷作戦についてすでに何度も書いたり喋ったりしていました」。水雷作戦説は朝日新聞の報道により戸高の名で大きく流布した。そこに先行主唱者として論のプライオリティーの主張が込められているとしたら、わたしの不勉強を申し訳なく思う。実際、このように新聞報道されるのは相当な効果をもつのである。わたしの記事云々ということではない。『中央公論』に一度載ることとは影響度が違うのである。戸高自身が実感していると思う。新聞人に自信が欠けるように見えるこのごろだが、深い影響力では依然一位である。新聞社を離れ、そこで書く立場を失って、初めてわたしもそのことに気がついた。

「あとがき」では半藤の連合艦隊戦策についての理解が示されている。「基本は不変でありましたが、再検討し一部を改定しつつ、わが連合艦隊司令部はバルチック艦隊の来航を待ち受けました。四月一二日、四月二一日、五月一七日、五月二一日と改定と追加が加えられて、最終戦策はなりました。あっても付則程度なのです。その最終の最重要な作戦計画は乾坤一擲、のるかそるかの併航戦闘（注＝同航戦）においたのです」。一連の戦策を整合的な発展とみる点では野村実と共通している。ただ、野村がその基軸を丁字戦法としたのに対して、半藤は同航戦である。

半藤は五月二一日を押さえているが、最終戦策とはどれを指すのか。時系列で最後の五月二一日は、四月一二日へ「戻る」指令であった。この認識は見られない。「基本は不変」の「基本」とは同航戦のことをいっているのか。「付則程度」では済まない根本的な作戦上の対立があったのだ。途中経過が抜けているが、結論の同航戦強調は正しい。半藤・戸高の主張は「丁字戦法はなかった」なのである。それは丁字戦法論者である司馬への、『極秘戦史』に基づいての批判なのだ。これだけのことが、つまり司馬への批判ということが、よほど決意のいることだったのだろう。「「お前たちは真からのアホと違うか」との罵声がいまから聞こえてくるようなのです」と裏面帯カバーに書く。それは同時に、通説を革命的に転換したという自負の裏返し宣言でもある。すでに社会的認知も進んでいるのだ、と。実際、戸高・半藤説が既成神話に対して破壊的であったことは確かなのである。

なお時間的にはこの本より三年前の共著『司馬遼太郎がゆく』（プレジデント社、二〇〇一年）の「ついに著さなかった「勝利が招く狂気」」で、半藤は基本的に上記の主張を書いている。ここでの「ついに著さなかった」とは津軽移動論争を司馬が書かなかったということが主意である。こう書く。「（藤井・嶋村の行動で鎮海湾待機となり）ともあれ、危機は乗り越えられた。東郷は不動ではなかったのである。秋山もまた神の如き叡智をもつ参謀なんかでは決してなかった。日本海海戦の大勝利は、誤判断と錯誤によって一気に失われたかもしれなかった。その累卵の危機を乗り切ることができたのは島村少将と藤井大佐の功に帰せられようが、日本海軍は日露戦争の辛勝後にすべてを隠蔽した。……日本海軍は東郷を〝神〟とまつりあげていい気になったのである」（一三六頁）。

わたしは進路予想論争である移動問題以上に、戦策論争こそ主体的条件の設定に関わる集約点であり、ここにこそ藤井・嶋村の功を見るべきだと考えている。後者の論が不在とはいえ、半藤のこの叙述は〝名参謀〟秋山を主役とする『坂の上の雲』の批判に違いないのである。奇襲隊作戦の事前撤回の認識がないとはいえ、藤井・嶋村に最大の功績を見る点では菊田愼典、そしてわたしと同じである。ただし、結論では東郷賛美に昇華していく菊田（秋山は否定）に対して、半藤には東郷はもちろん秋山への批判もある。史料の制約を指摘するなかで司馬への批判を穏やかに着地させていく点で、菊田と半藤は似ている。この図式下での田中宏巳（変説後）は真之賛美・東郷批判であり、司馬作品に寄り添っていくものとなる。NHKドラマに参画したのが菊田であった。ターン（敵前回頭）時における秋山の艦橋不在まで主張した菊田考証（後述）のその場面は、信念の演出指導のもとに描かれることと思う。半藤の「……勝利が招く狂気」論のなかで、連携機雷作戦について「この秘密兵器の構想が甲標的（特殊潜航艇）から人間魚雷へと発展したことを思えばかなり重大」とする指摘には共感する。わたしの表現ではそれは固定式丁字戦法である。狭水路ならともかく、外洋ではあり得ないことは常識があれば分かること。あえて外洋でそれに実効性をもたせるなら、自操潜行魚雷すなわち「回天」にならざるを得ない（潜水艦は日露戦役のときにすでに試作されている）。常識を欠く愚策が究極の愚策を招く一例である。

3　新たな丁字戦法論の登場

ところでこの時点での代表的な丁字戦法論者はすでに変身を遂げた田中宏巳である。一九九九（平成一一）年七月刊の『東郷平八郎』に「連合艦隊はバ艦隊の頭を押さえつつ同航戦に入った。海戦前に計画された丁字戦法の実行である」と。この叙述に驚いて田中に手紙を出したが、返事をもらえなかったことは書いた（この本自体は海戦譚の作り手・小笠原の存在と「その後の東郷」批判を一般向けに説いた優れた書である）。もう一つ、重要なことが書かれている。「秋山真之が考案したといわれる七段攻撃」（八七頁）だ。やがて七段備え、あるいは七段構えとも言われるようになる。同書によると、第一段＝駆逐艦・水雷艇による攪乱、第二段＝主力艦による正面攻撃、第三段＝駆逐艦・水雷艇隊による夜間攻撃、第四段＝主力艦による敵残存部隊の追撃、第五段＝駆逐艦・水雷艇隊による夜間攻撃、第六段＝主力艦による敵残存部隊の追撃、第七段＝第二艦隊がウラジオストック港口に敷設した機雷原に敵残存部隊を追い込んで殲滅——というもの。

確認して置くが、『極秘戦史』の一連の戦策部分にわたしはこういう記述（「七段なにがし」なる類の語）を見つけることは出来なかった。むろん、『公刊戦史』にもない。何でもない日常のことでも秘密にする組織だから「作戦」を公開することは絶対ないのだが……。田中の弁の続きを見ると、第一段が連携水雷作戦であり、それが当日荒天のため中止され、第二段の主力艦攻撃から始めなければならなくなり、「丁字を描くように敵の頭を押さえながら同航戦で勝負をかける」ことになった、そうだ。そして、霧のなか間近にロシア艦隊が現れたとき、艦橋の司令部では反航戦にすべきか同航戦にすべきか激しい議論があったと書く。このあたりはいぜん茫然自失論である。つまり五月二一日に奇襲作戦が撤回されていたことの認識がない。準備万端の七段備えにして「激論」とは間尺に合わないことではないかと、素朴にわたしには思えるのだが。

第三段以降はどうなったか記述はないが（わたしの粗忽な見落しならお許しを乞いたい）、多分、第四段までで鮮やかに決着がついたので、まどろこしい部分につい筆が及ばなかったのだろう。とはいえ、七段攻撃をいうなら戦策全体とどう関連するか（田中の戦策理解は〇四年の『秋山真之』に即して既に述べた）、史料に則ってひとことは必要である。

なお『東郷平八郎』（一九九九年）で田中は「波高し」暗号についてはは触れていない。電文自体は「これからの見通しを含めた表現であったようだ」（九一頁）に留まる。「見通し」とは天候および荒波下の航路についてのそれを意味するようである。しかし、五年後の『秋山真之』（二〇〇四年）では「秋山が追加した「波高し」は、水雷艇隊を加えた臨時奇襲隊による連携機雷敷設作戦が実施困難であることを暗示していた」（一九八頁）と復活している。いぜん五月二一日の欠落は健在ということだ。

今や「ある」「ない」論で対峙しているように見える田中と戸高だが、当日の奇襲隊中止と暗号電文という理解では共通で、実は内実はほとんど同じでなのである。わたしから見れば二人の立ち位置はエールを交換しあった一九九一（平成三）年のままである。戸高の呆然自失戦法は何もない白紙状態のなか（連携水雷作戦は丁字戦法を否定したものであるから、水雷作戦がボツになっても口が裂けても丁字戦法とはいえない）、ぎりぎりの瞬間に魔法のように「従うべき戦策・並航戦」が現れる。田中はその並航戦に入るとき敵艦隊の頭を押さえる形をとるのを丁字戦法といっている――その間、艦橋ではどうしたらいいかのガヤガヤ論争があった（つまり茫然自失、戸高もガヤガヤ論議派）……。二人の内実は同じという所以である。

五月二一日戦策を欠落させているところに、双方の論の幻想的ベースがある。管見の限り、現在それを認識しているのは菊田愼典とわたしだけのようだ（半藤は五月二一日を挙げているが、奇襲策撤回の認識はうかがえない）。二人の論を図式化するとこうである。

戸高　【四月一二日（彼の場合五月一二日）】丁字乙字戦法の記述こそあるが、それと相いれない並航戦命令――（四月二一日欠落＝艦隊序列の逆転および真昼間における第九艇隊の登場認識欠落）――【五月一七日】連携水雷奇襲隊作戦（丁字戦法にとって代わった世界の海軍史に前例のない画期的作戦）―（五月二一日欠落＝奇襲作戦撤回の認識欠落）―〈五月二七日本戦〉早朝荒天下「波高し」暗号電文……（午前一〇時、水雷艇隊解列）……奇襲作戦放棄の茫然自失下、（天来の）戦策通り並航戦入り。

田中　【四月二一日】敵主力に対する持続戦すなわち同航戦―【四月二一日】追記部分の文章では表記されていない「丁字・乙字戦法」強調（艦隊序列の逆転および真昼間における第九艇隊の登場認識不在）―【五月一七日】連携水雷奇襲隊作戦（バ艦隊を変針させて丁字戦法に持ち込む）―（五月二一日欠落＝奇襲作戦撤回の認識欠落）―〈五月二七日本戦〉奇襲作戦不可能を暗示する「波高し」電文……（午前一〇時、水雷艇隊解列）……議論百出、混乱の極の末「敵前大回頭」、絵に描いたような丁字戦法が実現。

ちなみに菊田愼典の場合、四月二一日の艦隊序列逆転と五月一七日の奇襲作戦、それに対する藤井らの抗議に行数を割いている。そして五月二一日で奇襲作戦が撤回され、艦隊序列も第一、第二戦隊に「もどった」ことを指摘する。当然、波高し電文の裏の意味などないのだから、それに触れることはない。そして、回頭の瞬間を「東郷司令長官の右手がさっと左に半円を描き……丁字戦法に入って」いくという伝統的な叙述で書いていく。

当日の朝一〇時、外洋に出たところで奇襲隊解除命令が出たということは、当日も奇襲隊もどき、あるいは言葉のアヤでのそれが存在したことを意味する。この辺がいかにも曖昧な（まさに東郷の）ところだが、菊田はそれへの言及をしていない。もどき隊には〝連敗〟の秋山に対する配慮と、猫の目作戦変更の印象を薄める狙いがあったとわたしは思っている。『極秘戦史』に興味深い、というよりは奇怪な記述があるので紹介しておく。本戦の二七日早朝、主力の加徳水道出発の緊迫の場面である（第二部巻二備考文書の八頁）。

> 六時序列ニ従ヒ各隊ニ出港スヘキヲ命シ、第一、第二（浅間ハ隔離ノ為メ病院船西京丸ニ移シアリタル将校兵員ヲ収容シ後レテ出港ス）第四戦隊、二通報艦、各駆逐隊（第四駆逐隊ハ別ニ尾崎ヨリ出港シ第三戦隊ニ合スルノ行動ヲ取レリ）第九、第十四、第十九艇隊順次抜錨シ、又鎮海湾ニ在リタル東郷連合艦隊司令長官ハ、大本営ニ向ヒ、敵艦見ユトノ警報ニ接シ、連合艦隊ハ直ニ出動シ之ヲ撃滅セントス、本日天気晴朗ナレトモ浪高シ、ト打電シ、三笠ヲ率ヰテ出港シ、同三十四分艦隊ニ合シタルヲ以テ、総艦艇ニ対シ、序列ニ従ヒ各隊揚錨出港セヨ、通常速力十五節、ト令シ、第一戦隊ノ先頭ニ占位セリ、（傍線引用者）

問題は第二戦隊の割り注説明の部分だ。「浅間は隔離の為め病院船西京丸に移しありたる将校兵員を収容し遅れて出港す」。浅間（装甲巡洋艦、八八六〇トン）は五月一七日戦策で、第九艇隊の駆逐艦・水雷艇計八隻の指揮艦として「第一戦隊の右斜め前二〇〇〇メートル」に位置すべき奇襲作戦の要の艦として指定された。それが肝心要（本当に奇襲作戦をするなら）のとき、病院船から傷病兵を収容する作業のために遅れて出発したというのだ――つまり、奇襲作戦など無くなっていたことの証明である。第九艇隊も先陣の気配はまったくない。むろん刻限の迫った決戦場へ向かう大艦隊が、途中で序列を組み替えることなど不可能だ。しかも後述のパニックが起こった。

加徳水道の奥が入江状の鎮海湾であり、三笠はここを通常の停泊地にしていた。三笠を先頭に出ていったことがわかる。風浪下の一〇時〇八分、「奇襲隊解列」指令を出した。直接には一〇〇トン級の第九艇隊向けだろう。いずれにしても「奇襲隊」は言葉のアヤであり、「水雷艇は随行に及ばず」だけの意である。浅間も「第二戦隊の五番艦となる」とあるから、病院船の作業を済ませ、追いかけて定位置に入ったのだろう。解列指令の流れで読むと、いかにも奇襲隊が編成されていたように読めるのだ。

もっとも田中著『東郷平八郎』（九一頁）はその朝の出動場面をこう描く。「煙をもうもうと吐き出した艦艇は、蒸気圧が上がったものから次々に抜錨、隊形を整えながら戦闘水域へ向かった。先頭を切るのは「浅間」を旗艦とし、第一駆逐隊および第九水雷艇隊からなる奇襲隊である」。秘蔵の実写映像があるようなので公開して欲しい。それを確認したらわたしのこの個所の記述を訂正する。なお日露の海戦史が論じられるとき、鎮海湾基地のことが当然のように語られるが、ここは韓国・朝鮮領であり使用の正統性には問題があったことを指摘しておく（巻末参考文献＝高秉雲著と竹国友康著）。

藤井の証言に戻ると、五月二一日について「加藤参謀長は長官にこれ以上改定を申請するのはムリ……だが、奇襲隊は実行しないことにする」という口頭の黙約で伝えられたということは書いた。実際には戦策として出ており『極秘戦史』にも記載されたわけだが、命令文書としては司令部トップ（東郷と加藤だけ、及び藤井ら第二艦隊トップだけ）に秘められたのか、あるいは藤井自身が配慮して上述の言い方をしたのか。ともかく、こうして奇襲隊作戦を斥けた時点で、中央幹線上に占位した同航戦という基本戦略が最終的に確定した（駆逐隊とくに水雷艇隊の夜間の役割は一貫して変わらない）。秋山本人には分かっていたにしても、最終方針は明確に伝えられなかったらしいことは書いた。当日のターン（敵前回頭）のとき、秋山はその判断に関与していない（後述の佐藤鉄太郎談話）。

とすると東郷の配慮の意味はもっと深くなる。奇襲作戦をするようなフリを、ある段階まで保っておく――複雑な戦策転変から生じた感情のもつれから、いよいよのとき八月一〇日のような口論がまた起こっては困るのだ。いずれにしても奇襲策撤回の過程には、筋論より情実（一参謀への配慮）の臭いがする。とはいうものの、こういう情実は秋山からしたらどうなのか。正式に認知して発令しておきながら、当人に知らせず却下する――これ以上の背信行為はないだろう。東郷の人間性が問われるところでもある。

この点に関して田中の「昭和七年前後における東郷グループの活動（一）」（本書八三頁参照）がすごい記述をしている。要約して書かせてもらう。一九三〇（昭和五）年、ロンドン軍縮条約批准を進める浜口雄幸内閣に対し、阻止を図る海軍の先頭にいたのが東郷の意を体した軍令部長の加藤寛治だった。加藤は軍事参議院への奉答文の劈頭に「（この条約は）国防上欠陥あり」と入れることを強調したが、高齢の元帥・東郷の全幅の信頼を得た代弁者のつもりの小笠原長生は、「正面から条約破棄の一本でいけ」と。加藤のこの表現では元帥・東郷の意に叶わず生ぬるい、ということのようだ。以下直接引用。

加藤が東郷に直接会うと、東郷は「それでよかった。国防に欠陥ありとくれば（注＝そのことを認めさせておけば、の意だろう）後はどうにでもなる。大臣と軍令部長が真底から責任を以て欠陥の補填を行えば宜しいのである」と全面理解を示し、挙げくのはてに「小笠原の名は余り出さぬようにして下さい。あの人は現役ではありませんから相談はせぬ方が宜しいでせう」と述べている。これでは従来の二人の関係の全面否定であり、東郷の小笠原に対する闇討ちであり、裏切りといわれても仕方があるまい。（一四頁、傍線引用者）

没後の一九五六（昭和三一）年に出された加藤の『倫敦海軍条約悲話』に出てくる話だそうだ。すでに九〇歳を超えていた小笠原に遺族から贈呈された本らしく、「よほど丹念に読み込んだものらしく、重要な部分には幾通りものマルや線がマークされている」。その当時に、「多少でも洩れたら東郷と小笠原の関係は瞬時に解消してしまったかもしれない」と田中は書く。「闇討ち・裏切り」とは随分強い言葉だが、秋山との間にもあの本戦のぎりぎりのところで、こういうことが起こっていなかった、といえるか。危うい状況だったには違いない。戦役後の東郷と秋山の関係も直接にはここに起因しているとわたしは思っている。

4　丁字戦法論議のナンセンス

改めて、丁字戦法とは何だったのか決着をつけておきたい。既述のように、開戦（一九〇四年）一カ月前に出された「一月九日戦策」は丁字戦法から説かれていた。「丁」において縦棒が進んでくる敵艦隊、自艦隊は上の横棒となるような位置をとり、側面の全砲を敵の先頭艦（旗艦）に集中する。自軍のもう一艦隊が相手の背後に位置すれば挟み撃ち態勢となり、これを乙字戦法という。正式には「丁字・乙字戦法」である。ただしその時の状況により「人」字、「イ」の字とかの表現もある。集中射撃ができる隊形をいっている。

その後どういう形になるか、つまり直進したまま敵艦隊と離れ去っていき、そのまま戦闘終了となるか、あるいは舵を切って新たな攻撃態勢に向かうか——は直接には関係ないことだ。再び丁字になったらまた丁字戦法であり、戦闘の展開のなかで逆に敵に丁字戦法をかけられる事態もあり得る。秋山真之がこの戦法の主唱者の一人であり、戦策の記述者であったこともまず間違いない。

ところが一九〇四（明治三七）年八月一〇日、黄海でロシア旅順艦隊にタイミングを外され、ウラジオストック駆け込みを図る同艦隊を追走するはめになり、冷や汗をかいた。東郷の「次は同航戦だ」発言になった。この戦法は戦意あるもの同士の対決では通用するが（同航戦・反航戦を駆使して）、戦闘を回避して目的地駆け込みを意図する相手には取り逃がす可能性がある（反航戦ではだめ）。この体験から学んだ人間とそうでないものの差が生ずる。次のバルチック艦隊戦も八月一〇日型である。

秋山は情報集約の要の位置で戦報執筆・戦策検討など激務下にあったのは気の毒としても、その認識をしなかった。二年目、東郷の意を汲んだ同航戦基調の四月一二日戦策となったが、秋山は自己の存在理由をかけて連携水雷作戦という奇策を押し進めることになる。彼自身にも従来の丁字戦法だけではいかないという自覚があったことを示すが、いぜん本質的な理解に到っていなかった。わたしはその奇策を固定式丁字戦法と名付けた。

戸高はデビュー作以来、「丁字戦法なかった」論だから措く。問題は「あった」論に転じた田中である。田中はそれを一九九九（平成一一）年七月刊の『東郷平八郎』で「連合艦隊は、バ艦隊の頭を押さえつつ同航戦に入った。海戦前に計画されていた丁字戦法の実施である」と定義した。つまり、敵の頭を掣肘する態勢で同航戦に入るのが丁字戦法——正確には新・丁字戦法というわけだ。「新」の所以は、海戦前（一月九日戦策）のそれと比べると、頭を押さえることに限定して使っているからである。ただ、定義としては明確だ。

それ故、直ちに次の明快な命題を導く。ちょっと考えていただきたい。サッカー、バスケットボールあるいはラグビーでもいい、球技スポーツについて。攻めてくる敵に対して併走して防御する側は、先頭者を掣肘する態勢をとらないか。相手より優速なら決定的に効果的である。つまり、田中の新定義に従うと、すべての球技の防御法は基本的に丁字戦法なのである。だから、ロシア艦隊の先頭艦スワロフの頭を押さえつつ同航戦に入った聯合艦隊は、「丁字戦法をとった」——といいたい人は、いえばいい。ただし、その人は球技の防御法が基本的に丁字戦法であることを認めなければならない。それだけのこと——。

戸高は丁字戦法とは呼ばない。水雷奇襲作戦が採用された時点で、それは消えてしまっているからだ。とはいえターン（敵前回頭）後は同航戦であるという認識で、田中と戸高は一致している。田中はそれへの入り方（頭の押さえ方）にこだわり、戸高は不問に付す（丁字戦法の亡霊は消えよ！）——それだけの差、といえば差である。ラッシュ本のなかで田中は高らかに新たな旗を掲げ、戸高はさりげない同航戦論者であった。

田中の表現によると「絵を描くような」みごとな押さえ方であった。こういう技術レベルのことは日本人は得意なのかもしれない（そのターン運動を数学的・幾何学的に精緻に検証した研究もある）。なにより兵員の練度・意気が高かったのだろう。こういうこんにゃく問答を意味ありげにするのはもうやめた方がいい。中村政則によると、「その正否は今後に待つしかない」（『「坂の上の雲」と司馬史観』八〇頁）そうだが、またどこぞの国と艦隊決戦でもするつもりなのだろうか。

ともかく、上層部がどういうことをしていても、第一線の勤勉さがことを支えてしまうのがわたしたちの特徴のようである。

第四章　神話を崩した吉田昭彦の仕事

1　三コースに割れた航路予測

ここまで書いてきて、少々気分が滅入っている。やっと、優れた研究の紹介にたどり着いた。『極秘戦史』および『日本無線史』（第十巻、昭和二十六年、電波監理委員会編）を使ったみごとな仕事があるのだ。防衛庁研修所所員（当時）、吉田昭彦の「日本海海戦における通信」（『軍事史学』通巻第六五号、一九八一年六月）である。同海戦は無線という最新技術をいち早く導入したことの成果だということも従来指摘されてきたことではあるが、ややもすると無線神話ともいえる過剰な評価さえある。吉田論文は実情を明らかにすることで、海戦神話そのものへの根底的な批判となっている。同論文は前の拙著（『日本海海戦とメディア』）でも紹介させてもらったが、重要な成果なので一部は簡略化し、一部は加筆もし、『極秘戦史』も突き合わせつつ改めて述べたい。以下、基本的には吉田論文に拠った記述である。

無線電信は一八九五年、イタリアのマルコーニが実験に成功した。一九〇三（明治三六）年秋、海軍技師・木村駿吉が中心になりそれを艦艇用に実用化したのが、三六式無線電信機である。これは既に世界最高水準の技術であった。『日本無線史』によると同年一二月までに第一艦隊の初瀬、敷島、八島など七艦艇、第二艦隊の浅間、常磐、磐手など五艦艇、第三艦隊の松島、厳島など三艦艇、計一五艦艇に装備された。引き続き開戦までに三笠、朝日、吉野、出雲、和泉など一七艦艇、さらに駆逐艦・仮装巡洋艦のすべてに装備が完成した。

一九〇五（明治三八）年五月二七日午前二時四五分、特務艦隊の仮装巡洋艦「信濃丸」（六二三〇トン）は二〇三地点（北緯三三度二〇分、東経一二八度一〇分）付近の海域で、白紅白の三灯を後部マストに掲げる汽船を発見した。しかし夜陰と濃いガスのため船籍を確認できない。そのまま二時間ほど併走する。気づいた時は一〇数隻の敵艦影の真っ只中だった。艦長・成川揆は自身撃沈されるのを覚悟で五時ちょうど、発信をする。緊迫化の動揺もあったのか、本文の前に規定の「発信時刻」「発信艦所」「名宛て」をつけることなく、「タタタ（「敵艦隊発見」の符号）、敵第二艦隊（バルチック艦隊）見ゆ」「敵艦隊二〇三地点、午前五時」「敵は東水道を通過せんとするものの如し」「一五隻以上目撃す」の四電文を一時間にわたって打ち続けた。通常、戦史に信濃丸から「敵艦見ゆ、二〇三地点」を受信、三笠を先頭に粛々とした聯合艦隊の活動が始まるとされるところだが――実際はトラブルの始まりだった。

最新メディアとはいえ昼間の無線の到達距離は約一五〇キロであり、約二二〇キロ離れた鎮海湾の三笠には直接届かない。これを受けたのが対馬の尾崎湾にいた第三艦隊（司令長官・片岡七郎中将）の旗艦・厳島（四二八〇トン）で、「タタタ、敵第二艦隊見ゆ」だけを中継した。風浪下の夜陰の海ということが悪条件となり、四文中のこの一文しか受信できなかったらしい。三笠は午前五時〇五分これを受信、地点情報がないので「敵艦隊の位置を示せ」を折り返し打電した。

厳島の第三艦隊司令部は発見報告が信濃丸からとは分からず、対馬西方一〇〇キロに引かれた第四警戒線を哨戒している第三戦隊（第一艦隊所属、司令官・出羽重遠中将）の一艦が打電したと誤認し、同文「敵艦隊の位置を示せ」を第三戦隊旗艦の笠置（四九八〇トン）に転電として打った。しかし、このとき第三戦隊各艦はまだバルチック艦隊と接触しておらず、返電しようがなく、そのままにしておいた。厳島の第三艦隊司令部は返事がないので「位置を知らせ」の打電を繰り返す。五時五〇分に至って三笠に第三艦隊の秋津洲（三一〇〇トン）から「敵は東水道を通過せんとするものの如し」が入る。六時〇六分に厳島からも「敵艦隊二〇三地点、午前五時」と。信濃丸の発信からは一時間余、艦影発見からは約三時間後である。

この間、五時三一分「直ニ出港用意」。六時三〇分、「速力一五海里（時速約二八キロ）、序列ニ従ヒ出港セヨ」を発信。その直前に「……波高し」電文が発せられたようだ。吉田は主に極秘戦史第二部巻二備考文書の時系列順に電文を一覧表として載せた「八　重ナル無線電信、信號命令及ヒ訓令」（三―七頁）に拠って書いている。タイトルの「重ナル」には万感の思いが自ずと滲んでいる。そして、なぜかこの一覧表には後に最も有名になる波高し電文のことが記されていない。極度の緊迫下の渦中にあっては、事務手続きレベルのこととしてさほど意識されたものではなかったのではないか、とわたしは推察する。ちなみに一時五五分、「皇国ノ興廃此一戦ニアリ、各員一層奮励努力セヨ」（トラファルガーにおけるネルソン提督の信号の翻訳）は明記されている。

聯合艦隊主力は第一戦隊、第二戦隊の順で加徳水道を出る。吉田は、六時〇六分の厳島電「敵艦隊二〇三地点、午前五時」を受信して、「三笠は（敵の）位置と動静について大体の見当をつけることができた。主力部隊は、このように、敵情報が確然としないまま、抜錨出港し、対馬海峡東水道に向かった」と書く。一〇時八分、奇襲隊の解列を済ませる（九時五四分と書く巻・表もある。『極秘戦史』は、とくに日本海海戦部分は重複が多く矛盾した記述が見られる）。バルチック艦隊の北側を併走してきた船脚を誇る第三戦隊（【図e】の五月二一日戦策では形式的に先頭序列だったが機動部隊としてその位置を離れ、第一戦隊が先頭になる）は、不適切な運動で

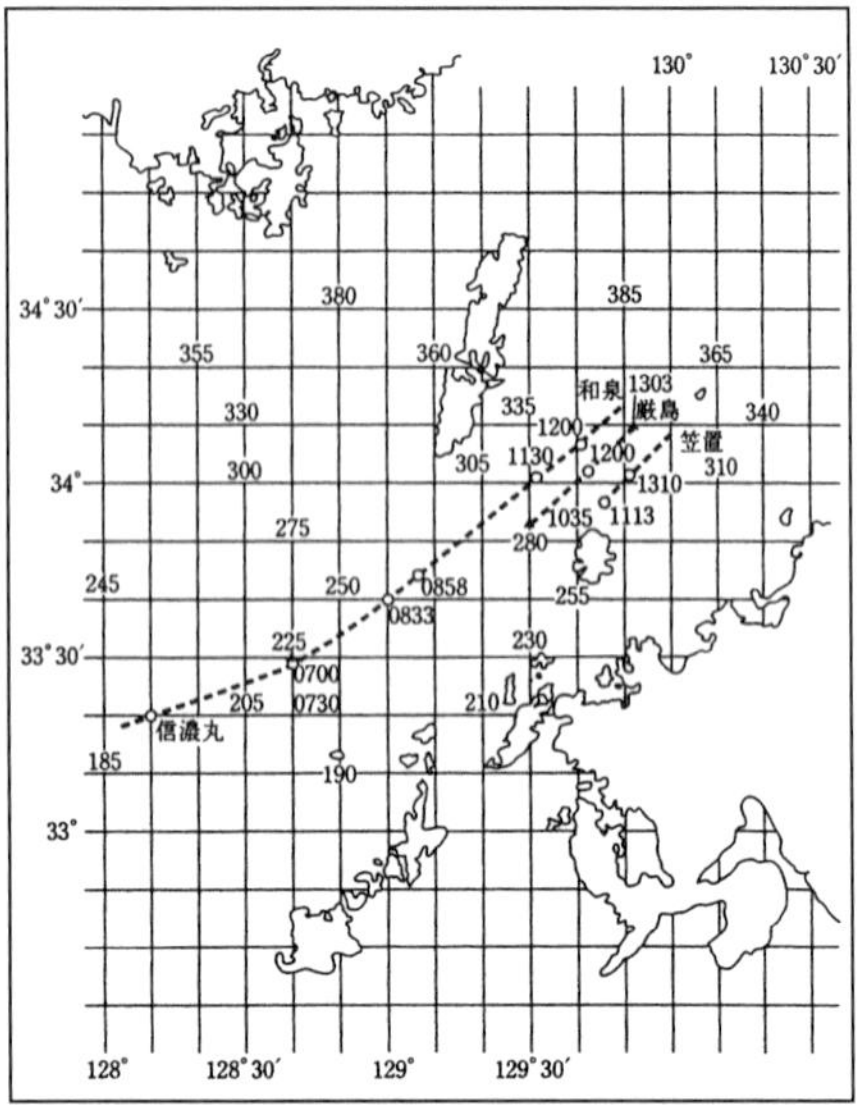

【図ｆ】三つに割れたコース予測
（『極秘戦史』第二部巻二付図より）

バルチック艦隊を一度は反航の形でやり過ごしてしまい、反転して追いかけることになる。敵艦隊を視認したのは一〇時三〇分という遅い時間であった。

　通信混乱の中で的確な情報を送ったのは第六戦隊（第三艦隊所属）の石田一郎・大佐指揮の巡洋艦・和泉（二九七〇トン、一八ノット〔時速約三三キロ〕）だった。和泉の報告――。

九時五二分、「敵の兵力は、戦艦五隻、二等巡洋艦三隻、その他艦船八隻以上あり総数二三隻以上、濛気あり判明せず」。一〇時五〇分、「一五隻、ボロジノ型（注＝スワロフを始めとした第一戦艦隊の最強艦）四隻、オスラービア、シソイウエリーキー、ナワリン、アドミラルナヒモフ、左翼列アドミラルセニヤウイーン型三隻、インペラートルニコライ一世、オレーグ、オーロラの順序なり」。この報で聯合艦隊司令部はバルチック艦隊が右側を主力とした二列で走っていることを把握した（注＝右側がロジェストウェンスキーの第一戦艦隊、左側がフェリケルザムの第二戦艦隊）。

一一時〇〇分、三笠の聯合艦隊司令部は陣形再確認のため厳島の第三艦隊司令部にあて「敵の右翼主力なるや」と問い合わせる。同司令部は「左翼主力と認む」と和泉と反対の返事をした。聯合艦隊司令部は「和泉に問い合わせよ」と指示。第三艦隊司令部の問い合わせに対して、和泉は「右翼なり」と先の報告を繰り返した。一一時五八分に至り第三戦隊司令部（笠置）も和泉と同様の報告をし、一致した。決戦入り二時間前のことだ。

もう一つ、重大なトラブルが生じた。バルチック艦隊の位置報告が各艦ごとの三通りになっていたことだ【図f】。吉田論文を直接引用する。

五月二十七日は、気圧の谷が通過したため、視界は一般に不良であり、視界はせいぜい五マイル（九キロ）前後であった。このため、各艦の測定位置は、いきおい不正確なものとなるを免れず、食い違いを生じた。……連合艦隊司令部が困惑したことは、和泉（注＝第三艦隊所属の第六戦隊）、厳島（第三艦隊司令部）、笠置（第一艦隊所属の第三戦隊司令部）の報告したバルチック艦隊の航跡が、北側からこの順に、約五〜七マイルの平行線を画いたことであった【図f】。聯合艦隊司令部では、バルチック艦隊の真の航跡として、この三つのうちのどれをとるかについて相当検討した結果、接触部隊（中で）最高指揮官が乗艦（する）厳島の報告位置によって接敵運動を行った。ところが、バルチック艦隊の正しい位置は（同艦隊所属ながら下位艦の）和泉が報告した位置であった。

約五〜七マイル（注＝海上マイルで海里あるいは浬と同じ、一海里は一八五二メートル）ということは九〜一三キロ、およそ一〇キロということだろう。両端では二〇キロの隔たりとなり、この出会い（出会わず？）だったらすれ違いである。容易ならざる事態が起きていたのだ。この間の三笠の無線担当参謀・清河純一の証言を見てみよう。「我が艦隊は一時大きく東の方に進み、それから西方に引き返す航路をとっていた。西方に向いた頃（注＝正午過ぎ）には司令部はかなり緊張の状態で、ひょっとすると敵は我より北の方に抜けてしまっているかもしれないという心配があった。……私は加藤参謀長、秋山先任参謀等から「つまりどこだ（注＝三コースの内どれだ）」と問いつめられることになった。……図上において色々の報告が錯綜し、一方自隊の速力が早くて、しかも針路が時々変わる様な場合には、非常に困難なことになる。学問的に言えば大戦術運動から戦術運動に連絡する瞬間である。大艦隊となり、高速力になると、この瞬間すなわち図上から実物の艦隊を相手とする運動に移る時が極めて重要で、此の時に於ける艦影の誤認、之に基づく我隊の指導如何は、真に国家の安危に関する事態を惹起するものであると謂つてよい」（傍線いずれも引用者）。清河は和泉の報告が最も整頓されておりこれを基礎にした方がいいと思ったが、「何分にも第三艦隊長官（旗艦厳島）が触接部隊中、最高指揮官でありましたから……厳島報告に重きを置いて行動した」と。

和泉側の証言もある。乗員の樺山可也大尉は「自分も厳島や笠置の報告は位置が違って居る。和泉の位置が正しいと思ったが、第三艦隊長官の報告が違って居るとは発信できなかった」（発言は『日本無線史』第十巻から）。後年の言だからやや割り引かなければいけないにしても、十分苦衷が偲ばれる。

傍線部からは司令部に心理的パニックが起こっていたことが分かる。加藤、秋山は怒鳴っていただろう。通信混乱が生む疑心暗鬼、すれ違い……国家危機という最悪の構図が頭に渦巻いていたはずだ。秋山自身がこの期に及んで自作戦の非を悟ったに違いない。単に荒天だから不可能ということではない。無線を使って地点を伝えたとしても、経度・緯度の表示であり、最後は目視（双眼鏡を使ったにしろ）である。清河の言う「図上から実物の艦隊を相手とする運動に移る時」だ。「一〇〇人の二〇世紀」の取材で会った外山三郎（元防衛大学校教授・元海将補）も、広大な外洋で、それも動点を、正確に捕捉するのはそうたやすいことではないことを肯定された。まして霧のなか（海上ではふつうにあること）である。ロープたゆたう牧歌的作戦――嶋村・藤井らは瞬時にその愚を悟ったに違いない。レーダーの時代ではないのだ。正面会敵なら間髪を入れず正攻法の戦闘になる。帆船・櫓漕ぎの水軍時代ならいざ知らず、時速三〇キロの速さで自在に走り回る近代艦なのである。

一番格の高い指揮官が乗る厳島報告が採用され、それに基づき三笠を先頭とする日本主力艦隊は、東北方向に直進してくるロシア艦隊の想定航跡線に対して、北側五マイル（九キロ）の距離に引いた平行線上を南西に進む。この場合、直ちに左折の接敵ターンに入ればよい。しかし、一時三九分、ロシア艦隊は真正面（やや右）に現れた。つまり和泉報告のライン上である【図g】。直線距離ではすでに一〇キロ余、正確な照準がきく有効射程圏ではないにしろ、主砲は既に着弾域だ。一分後、三笠は北西微北に変針する（北向きターン）。間合いをとるため、ほぼ円を描く二〇分にわたる回転運動の始まりである。吉田論文は「もし、和泉の報告位置によって接敵運動を行い、全く予想していた位置にバルチック艦隊を発見していたならば、これらの運動（注＝北向きターン）は不要なこととなり、あの有名な左一四点正面変換（注＝いわゆる敵前大回頭）の時機は、約一五分早まった一三時五〇前後となり、砲戦の

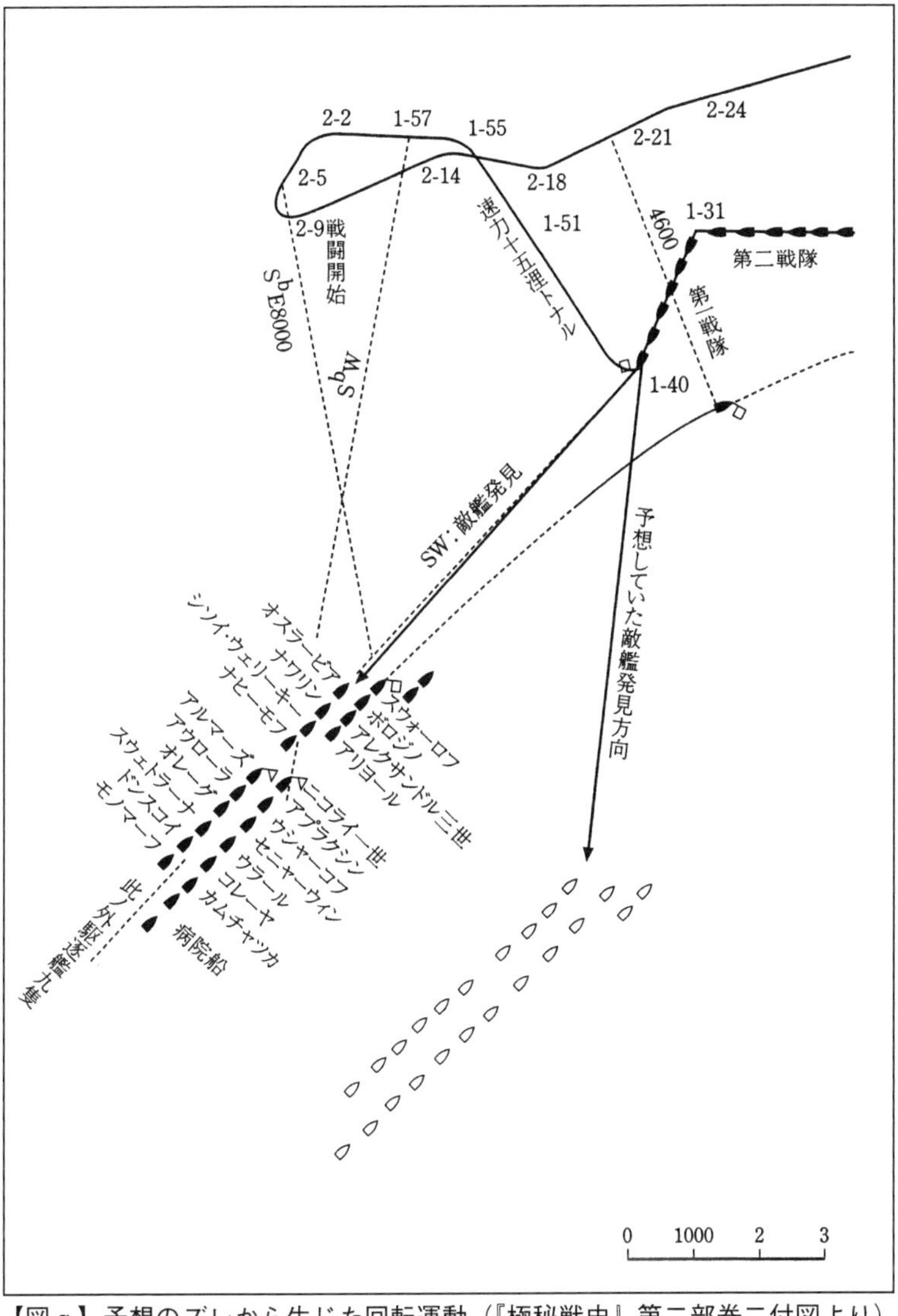

【図ｇ】予想のズレから生じた回転運動（『極秘戦史』第二部巻二付図より）

開始もそれだけ早まったことが予想される」と指摘する。「艦の格が上」ということを判断基準にする連合艦隊司令部の官僚主義的体質は、その後の海軍の暗い先行きを予兆している。

真正面の対処法自体は、中央幹線上に占位して同航戦の方針のもとでは明確だ。バルチック艦隊が厳島の報告コースを進んでくれば、吉田論文が指摘するように即左折接敵となる。真正面の和泉コースなら、理屈上はいったん右（北側）か左（南側）に跳ね上がる二つが考えられるが、ここはバラけたロシア艦隊を日本列島側に押しつけるための右（北側）しかない——という北澤法隆の見解（口頭で説明を聞いた）が的を得ている。『極秘戦史』も「正午頃、既ニ沖ノ島ノ北方約十海里ニ達シ敵ノ（進行方向から見て）左ニ出デンカ為、更ニ西方ニ進路ヲトリ……」（八頁）と書く。敵の進行方向左に出るとは、北側から南へ、つまり日本列島側に押しつける方針があったことを明示しており、それゆえ発見一分後に機敏に北向きの舵が切れたことを物語っている。

厳島の予想コースが外れたにしろ、誤差は五マイル（九キロ）である。地上の同距離はかなりのズレにも感じるが、海上の感覚は陸とは異なるようだ。野村実は「海上で八〇〇〇メートルというと、船に乗っている者からすれば呼べば答えるほどの距離感である。陸上ならば、せいぜい一〇〇〇メートルほどの感覚に相当するだろう」（『日本海海戦の真実』）と書いている。通信の混乱こそあったが、八〜九キロは十分許容範囲内の誤差といっていい。相手としてもすり抜けようのない正面である。

だが、もしもロシア艦隊が南端の笠置コースを進んで来たとしたら、誤差は二〇キロで完全なすれ違いとなったはずだ。ともかく、東郷は厳島の第三艦隊の顔を立てることで（笠置は第一艦隊所属で直接東郷の指揮下にある）、結果オーライをもたらしたことにはなる。いずれにしても水雷ロープ作戦など問題外の事態であった。

「敵艦見ゆ」から「波高し」打電、粛々と天才的戦法を決めたという海戦神話の序盤の実情はこうだったのだ。清河が証言する「一時大きく東の方に進み、それから西方に引き返す航路」というのは、まさに電信混乱のときである。時間的には鎮海湾を出てから敵の艦隊配置について「第三戦隊司令部（笠置）も和泉と同様の報告をした十一時五八分」までだろう。つまり正午には吉田論文がいう「バルチック艦隊の兵力構成、陣形を十分に知りうることが出来た」という状況になり、司令部としてもやや落ち着きをとり戻したときである。

「東行」自体は、五時五〇分の秋津洲電「敵は東水道を通過せんとす」と、六時〇六分の厳島電「敵艦隊二〇三地点、午前五時」で、対馬の東側の東水道での出会い地点がはじき出されたことだろう。ただ、東向きにかなり大きく回り込むコースをとったことには、やはりすれ違い・取り逃がしへの恐れの心理が窺える。通信混乱で不安が増幅されたということだろう。連合艦隊が「西方に引き返す航路」をとったのは敵陣形を確認した正午過ぎであった。ホッとするのも束の間、三コース分裂報告という修羅場に入って行くことになる。戦策迷走とともに海戦譚から完全に消去された部分である。

この間の事情をちらりと物語る報道もあった。博文館が開戦に合わせて創刊した旬刊誌『日露戦争実記』（一九〇五年七月一三日号）に、海軍の戦勝解説文「日本海の壮勳」が掲載された。そこには「軍事上の眼識に乏しき世人は、唯戦闘の光景のみに見取れて、如何にして我艦隊が午後二時沖ノ島付近に於て敵を迎撃するを得たるかの作戦上の困難を忘却するの傾きがありますが、当日の如き濛気深き天候の下に、五十海里を超えたる廣き海峡にて、注文通りに敵と対面するのは容易の業ではないので、一つ手筈が狂へば敵をば北方に逸したのであります」とむしろ冷静に書く。

なぜか朝日新聞などの日刊紙には載っていない。大々的な戦勝キャンペーンが普通だった。参考までに百年後の二〇〇九（平成二一）年の『坂の上の雲』関連雑誌のなかに見られた以下の発言をあげておく。「低気圧が通過したあとで、海があれていましたから、作戦にあった水雷艇隊による敵前に連携水雷を敷設する作業も結局やれなかった。ところが、連合艦隊の第一艦隊の航跡を見ると、ずいぶん遠回りして走っていますよ。敵にすぐ向かわない。やはりこの奇襲作戦はあきらめ切れなかった。波の静まるのを待っていたから、結局、開戦が午後二時になった」（前掲『文藝春秋』一二月臨時増刊号中「大座談会」中の半藤発言）。まったく成立しないこと。

吉田論文は海戦神話を根底から砕いている。わたしは二〇〇六（平成一八）年に刊行した拙著（『日本海海戦とメディア』）を『日露戦争の軍事史的研究』（岩波書店、一九七六年）などの大著がある大江志乃夫（一九二八～二〇〇九）に献呈したのだが、「あそこ（吉田論文の部分）は面白かった」というだけの返信をいただいた。さすが大江……と意を強くしたものだ。そもそも拙著を書けると確信したのも吉田論文に行き当たった（正確には〇五年に北澤法隆が手渡してくれた）ことだった。

改めて思う。吉田論文は一九八一（昭和五六）年六月刊の『季刊軍事史学』第六五号掲載であった。わたしが読んだ時点で、すでに二四年、約四半世紀が経っている。その間、とくに注目された形跡がない不思議さを（大江さえ知らなかった！）。二〇〇九（平成二一）年の例の笥本ラッシュのなかでもまず触れられていなかったと思う（ただ戸高がある雑誌上で吉田の名もあげずに不正確にしゃべっていた、拙著の論もさりげなく織り込んで。学習を一歩深めれば奇襲隊作戦などあり得ないことがわかったのに）。吉田は「防衛研究所所員」というだけで詳しくは分からず、わたしの献呈本も所在不明で戻ってきた。

じつは掲載号は田中宏巳が『極秘戦史』の存在を明らかにした「日露戦争史料の解題と目録（2）」と同号なのである。最初に出色の論が出ていたということなのだ。同じ雑誌の翌年「六九号」（一九八二年）に載ったのが野村実の「日本海海戦直前の密封命令」で、先にこれを『極秘戦史』を使った最初の論文と書いたが実際は吉田昭彦だったことになる。吉田も史料名を「極秘」抜きで表記している。やはり心理的プレッシャーがあったのだろう。

ちなみに作品年譜によるとこのころの司馬は『菜の花の沖』（一九七九～八二年、サンケイ新聞）、一九八一（昭和五六）年には『シルクロード6　民族の十字路』（日本放送出版協会）、『街道をゆく（一三～一六巻）』（朝日新聞社）、『歴史の夜咄』（小学館）などを刊行し、同年一二月に芸術院会員に選ばれている（年譜は成田龍一『戦後思想家としての司馬遼太郎』筑摩書房、二〇〇九年に拠る）。もとより確立した威光にますます重みを加えていた。野村でさえ司馬作品に登場しない「密封命令」をやや遠慮がちに提起していた――ように感じられる時期である。『坂の上の雲』の根底を崩してしまう（密封命令はそれほどではない）吉田論文は正当に評価されるには、まだ厳しい状況だったのだろうと推察する。

ところで、パニック状態で絶叫する秋山はいかにも人間的である。わたしに文学的才能があるならそんな秋山像こそ描いてみたいところだ。じつは、それがすでに描かれていた！関川夏央の次の発言に気づいた。「真之があまねく知られ、その評価が高まったのは『坂の上の雲』のおかげです。だいたい、それまで誰もサネユキとは読めなかった。昭和三十二年の新東宝映画に『明治天皇と日露大戦争』というのがある。ほとんど活人画のようなもので、登場人物はよく知られた歴史的瞬間の「型」を演じるのです。真之は参謀として登場しますが、始終、ヒステリックに怒ってばっかりいる。あくまでワン・オブ・ゼムで、ただうるさい人。いまの真之からみれば雲泥の差の扱いです」（二〇〇八年七月号『文藝春秋』の座談会「司馬遼太郎　日本のリーダーの条件」から）。渡辺邦男監督、嵐寛寿郎主演というその作品名は中学生だったわたしの記憶にもあるが、残念ながらまだ見る機会を得ていない。秋山が、ヒステリックに怒っている場面とはまさに三コースに別れてしまったときのことだろうと、つい想像してしまう。ともかく、水兵から見た秋山像に違いなく、それが『坂の上の雲』イデオロギーに染められる前の姿として、一九五七（昭和三二）年、図らずも映像に結実したのだと思う。

『坂の上の雲』では三コース分裂の時間帯がどう描かれたか一応見ておこう（引用は「運命の海」から、改行略）――。

「この正午過ぎ、バルチック艦隊の出迎えをしている片岡七郎の第三艦隊から入電があった。『敵ハ壱岐国《いきのくに》』と、無電はふるい呼称をつかっている。……この第三艦隊の誘導は、じつに有効であった。このおかげで、三笠の航海参謀は、適宜針路を変じてゆくだけで敵に遭遇しうるのである。……海戦史上、片岡の第三艦隊ほど捜索部隊としての能力を高度に発揮した例はなかった」のだそうだ。そしてロジェストウェンスキーが、追走接近してきた第三戦隊を追っ払おうとして自艦隊の陣形を指示したのをきっかけに、操船のまずさから単縦陣隊列が崩れて二列ないし二列半の妙な隊形になる。司馬はその大混乱ぶりに比べて、英国海軍と並ぶ日本海軍の練度の高さを称揚する。三笠の艦上では、東郷がドイツのツァイスが開発した「ツノガタメガネ」（プリズム双眼鏡）を首からぶらさげ、「その双眼鏡を用いることもなく黙然と右舷のほうを見つめている」。そして、「――あれは何というか、ヘンな人だったよ。と、奇行でもってのちのちまで海軍に伝説をのこしてそう言われた秋山真之だけが、両眼を三角にして左舷の沖を見つめているのみである。かれは望遠鏡を用いなかった。望遠鏡を持ってさえいなかった。かれはそれが持説で、――見つめてさえいれば肉眼で十分だ。

と平素からいっており……」。

巨弾が飛び交う修羅場を前にした静寂な世界——義経少しも騒がずである。小道具の双眼鏡が効いている。司馬は丁字戦法は秋山の創案だが、ターン（敵前回頭）実行は東郷の決断として書いた。ゆとりの静けさ（史上類のない第三艦隊の働き！で担保されている）で、その瞬間のドラマ性が陰影深く刻まれることになった。乃木神話を崩した司馬がここでは新たな神話の作り手となっている。

『日本無線史』には秋山が海戦すぐ後の六月一〇日（一九〇五年）付け書簡で技師の木村駿吉に「無線電信の武勲抜群」と最大級の謝辞を送ったことが書かれている。総論としての功は当然であった。ただ秋山書簡の末尾には「無線電信機にも未だ改良進歩の余地多々在之……貴下の御工夫を煩し度」と注文も加えている。骨身にしみた体験だったのである。「武勲抜群」の部分だけが世に流布することになるが（むろん軍により）、それはパニックへの穿鑿を予防する布石でもあったとわたしは感じている。

2　神話の語り部たち

本書の冒頭部で、一九八一（昭和五六）年の田中宏巳による『極秘・明治三十七八年海戦史』の明示化が研究史上のエポックメーキングな出来事であったと書いた（「極秘」は削除されていたが）。田中自身はその制作過程・編集事情の方に関心がいったようで、作業の中心人物にして東郷後半生の広報担当というべき小笠原長生という存在を浮かび上がらせることになる。

小笠原は一八六七（慶応三）年、唐津藩主・長行の嫡子に生まれ、戦後の一九五八（昭和三三）年、九一歳で死去した元海軍中将だ。海軍兵学校（一四期）、日清戦争には前線で参加したが、日露戦争では軍令部参謀として海軍省新聞記者集会室を通じて記者コントロールを行い、戦役後は東郷軍令部長下で戦史編纂の中心となった。隠蔽・改竄作業の中心人物であったのは間違いない。大正年間、後の昭和天皇の教育機関として東郷を総裁に設立された東宮御学問所の幹事を務め、ここで東郷との関係が緊密になった。一九二一（大正一〇）年にお手の物の海軍史料を織り込んだ『東郷元帥詳伝』を著し、東郷の信頼を揺るぎないものにした。東郷の私設秘書官を自称し、晩年はその意を外部に伝える媒介役となった。

これらは一九九九（平成一一）年刊の田中著『東郷平八郎』で詳述されたが、ここで世の東郷像なるものについて端的にこう書く。「新聞や雑誌にしばしば登場した「嚇々たる東郷元帥」の人間像は、明治でなく昭和になって形成されたものである。……潤色と誇大の保護膜が実像の全体を覆い……こうした聖将化の過程で小笠原長生が最も重要な役割を果たし、彼なくしては聖将化もありえなかった」（一六頁）は、東郷神話のからくりを暴いたシンボリックな叙述であると思う。東郷と日本海海戦像自体が小笠原の造形であったのだ。

田中著は、東郷に関する本が突出して多く刊行されたのは、一九三三（昭和八）年から三五（昭和一〇）年にかけてであり、その背景として「満州事変、上海事変、満州国建設、五・一五事件、国際連盟脱退、ワシントン軍縮離脱と昭和初期の激動期であり、これにともない軍国主義的風潮が一気に高まりを見せ、国民の日常生活にも浸透しはじめた時期」（一四頁）であることを指摘する。なかでも一九三〇（昭和五）年のロンドン海軍軍縮条約問題における東郷を核とした批准拒否派の動き、とくに統帥権干犯論を持ち出したいわゆる艦隊派のイデオロギー宣伝家としての小笠原の役割が高まった。この時期、『東郷平八郎全集第1―3巻』（昭和五年）、『東郷平八郎伝』（昭和六年）、『東郷平八郎　愛国読本』（昭和七年）、『偉人天才を語る――書簡点描』（昭和八年）、『聖将東郷平八郎伝』（昭和九年）、『晩年の東郷元帥』（同）、『東郷元帥の偉業』（昭和一〇年）とたて続けに刊行した。ダブリ記述が多いとはいえ、驚くべき多筆の才には違いない。体力の衰えた東郷（昭和九年、八七歳で死去）に近侍して代弁役を務めながら、腰巾着の評ものかわ、まさに八面六臂の影武者ぶりであった。

田中の小笠原追求は、『極秘戦史』レポートの翌一九八二（昭和五七）年における『小笠原日記』との出会いが決定的であったようだ。八五（昭和六〇）年五月号の『新潮45』に掲載した「「軍神製造」演出ノート・書かれざる戦史　小笠原長生日記」にそのことが感動的に書かれている。

それによると、小笠原は一九五八（昭和三三）年九月二〇日、隠棲していた伊豆・長岡で死去した。その一週間後の二七日、台風二二号が伊豆半島を襲い、死者・行方不明一三二四人（六〇年版『朝日年鑑』）、全壊流失家屋一〇四四戸という大被害をもたらした。狩野川台風である。翌二八日に地元の寺で予定していた葬儀は交通途絶のため会葬者は少なく、旧唐津藩主の嫡流のそれとしては――それ以上に、かつて虎の威を借りてのこととはいえ軍・政府トップに一目おかれた存在としては……とわたしは思う――寂しいものだった。

それから半月、春江未亡人は借家暮らしだった長岡を引き払うため家財道具を整理し、不要な品々や書類を庭で火中に投じようとしているところだった。「ちょっと待っていてください」と止めたのが、折しも夫人の安否を気遣い東京宅から電話し様子を聞いた執事役の男性だった。そのまま駆けつけてみると、庭の焚火の横に小笠原の日記が積み上げられ、すでに火中には書類や日記と思しきものの燃えかすがあった。あと一〇分、執事の伊豆・長岡到着が遅れれば万事休すという場面であった。すんでのところを救われた日記は、彼によって大切に風呂敷に包まれ、その夜のうちに久敬社塾（唐津から勉学者のための寄宿舎）に運ばれて書棚に収められた。

それから二四年経った一九八二（昭和五七）年、久敬社塾を訪ねた田中によって繙かれ、ヴェールに包まれた東郷の実像、さらには昭和政治の裏面史までが摘出されていくことになった。『東郷平八郎』（一九九九年）はその成果である。ただ、公表されなかったらしい「昭和七年前後における東郷グループの活動——小笠原長生日記を通して（一）（二）（三）」には、『東郷平八郎』では洩れている優れた分析がある。何か躊躇するところがあったのか。田中の仕事は軍政史の方が海戦史よりずっと優れている。

狩野川台風は、下流の沼津市に育ち中学三年生であったわたしにも強烈な印象を残した。

通過した翌日（九月二八日）のことと思う。校区に沿って流れる狩野川を見に行った級友が、クラスでこういう話をした。「屋根の上に人を乗せた家が流れて来るんだけど、それが橋のコンクリート橋脚にドスンとぶつかってそのまま沈んじまった」。息をのんで聞いた覚えがある。伊豆・長岡近く、川がカーブするところに位置する熊坂集落は、堤防決壊で全村全滅した報が大きく報じられていた。狩野川台風と聞くと、わたしの頭には人を乗せて流れる家屋と、消滅した熊坂集落のイメージが甦るのである。それが小笠原長生という特異な人物の、狩野川上流における葬儀の日であったことに改めて感慨を覚える。

3　記者集会室でコントロール

わたしは小笠原長生が行った記者コントロールを示す史料を見つけた。開戦二年目の一九〇五（明治三八）年三月、つまりバルチック艦隊がマダガスカル島を発ったころに刊行した『日露戦争・軍事談片』（春陽堂）である。彼が海軍省新聞記者集会室でしゃべり、あるいは各所で講演したものを収録している。記者集会室とはまさに記者クラブである。海軍におけるクラブ統括者が軍令部参謀の小笠原長生であり、彼による記者心得教育が第一章、「其一軍機と新聞紙」に収録されている。「明治三七年二月二九日、海軍省新聞記者室に於いて」と注記がある。一九〇四（明治三七）年の開戦から二〇日後、そして最初の旅順口閉塞作戦が失敗した二四日の五日後である点に注目したい。「海軍の記事に関して諸君に一言を呈せねばならぬ必要を感じた」として、七項をあげて説教している。

第一、作戦に属することは未来・現在はもちろん、過ぎ去ったことでも掲載を忌むものである。第二、未来の軍事的行動に関係あるもの、これはすこぶる範囲が広いが、解釈の仕方によって種々になるから、検閲を経ることが特に大事である。第三、艦艇隊の編成・乗組員の姓名等、これが敵に知られると敵は作戦上非常に有利になる。第四、我艦船艇もしくは御用船の損害状況も上に同じ。第五、陣形も同じ。第六、砲撃の距離も同。第七、根拠地及び集合点の地名及び位置。ほかに追加三項として、艦艇及び御用船の所在、積載する石炭・淡水・軍需品等の現状、その速力。つまりすべてについて、許可なくして掲載するな、である。

許可はほとんど出なかった。ただ軍の発表するところを従順に載せよということだ。海軍では「戦報（東郷司令長官報告）」として発表されることになる。秋山が初稿を書き、開戦初年の一九〇四（明治三七）年中は嶋村がチェックしたものが軍令部に送られ、小笠原によりクラブで発表された。権力の意向を先取りした「皇軍大勝利」が頻出することになる。抑圧下での歪んだ主体性表現である。

稲葉三千男ら編の『新聞学 第3版』(日本評論社、一九九五年)によると、記者クラブは一八八二(明治一五)年、太政官に新聞社員溜所が作られたのが始まりで、次いで一八九〇(明治二三)年、帝国議会開設のときに全国・地方の新聞記者が協議して「共同新聞倶楽部」を結成し、議会の傍聴席で筆記通信の事務の便を得たのが国会記者会の始まりという。以後、明治三〇年代を通じて各省や大審院、日本銀行にクラブができていった。極端な官尊民卑の時代であり、新聞記者が団結する必要があったとする。

日露戦争が始まると軍機枢要の地となった広島に全国から集まった新聞記者たちが〇四(明治三七)年七月、「在広新聞記者倶楽部」を結成し、「軍事当局者をして新聞記者に対し相当の待遇を為さしめん事を期す」と決議した。同書は「本格的な記者クラブが誕生したのは大正期から」とするが、日露戦役中の戦闘公報記事は大本営記者クラブが確実に機能していることを示す。小笠原参謀の薫陶のよろしきを得た、御用聞き記者制度である。単に過去の話ではない。権力を監視するウォッチ・ドッグ(番犬)ではなく、権力の番犬化である。

情報コントロールというのは締め上げばかりでない。必要なときには蛇口を大きく開けるのだ。上村の第二艦隊は日本海で対ウラジオ艦隊作戦を担当していたが、初年の四月末から五、六、七月と取り逃がしミスが続き、日本の輸送船に大きな被害が続出した。詳しくは前著に記したが、事態は異様に詳細に報道された。五月一五日に旅順沖で八島と初瀬の二戦艦が一挙に触雷沈没した（八島については隠蔽）。直前には三度に渡った旅順口閉塞作戦が失敗に終っており、これら重大事態から国民の目を逸らせる情報操作なのである。

二戦艦沈没は第一戦隊（第一艦隊）の失策だが、いわば生け贄に供されたのが第二艦隊だった。メディアの袋叩きにあう。露探という言葉が投げつけられた。言論の自由とも感じられる一瞬だった。しかし一九〇四（明治三七）年八月一〇日黄海海戦、そして同一四日の第二艦隊がウラジオ艦隊を機能不全に陥らせたウルサン沖海戦で、一見百家争鳴もどきの状況は終わる。手綱を緩め過ぎたという認識が軍側にあり、きつい達しが記者室に、あるいは直接当人（当社）にあったはずである。以後、自国軍非難はピタリとやむ。八・一五までそうだったと思う。すべては記者室が機能してのことである。

『坂の上の雲』ではこう解説されている。「このあたりが、明治三十年代国家のおもしろさであろう。国民が、艦隊を追い使《つか》っているような位置にあった。租税で艦隊をつくって上村に運営させている。上村は国民の代行人であり、代行人が無能であることを国民はゆるさなかった」。明るい明治を強調するところだが、その素朴さについ微笑んでしまう。明治初期から新聞紙条例、讒謗律と言論弾圧法はしっかり整えられてきた。治安維持法はまだ先とは言え、ほどなく大逆事件を作りだした国である。ただ、司馬が軍国主義が行きついた時代の軍体験をした人だけに、上村第二艦隊非難の明治の新聞に接したとき、ほとんどショックといえるほどの印象を受けたであろうことは想像できる。

なお日露戦争時の反戦（非戦）作品とされるものが、この時期に多く現れたのも注目したい。木下尚江「戦争の歌」（週間「平民新聞」六月一二日）、石上露子の反戦歌（『明星』七月号）、中里介山「乱調激韵《げきいん》」（週間「平民新聞」八月七日）。六月に英紙に載ったトルストイの日露戦争論が、東京朝日「トルストイ伯　日露戦争論」（八月二日〜二〇日＝杉村楚人冠訳）と週間平民新聞「爾曹《なんじら》悔改めよ」（八月七日＝幸徳秋水ら訳）として各掲載された。そして与謝野晶子の「君死にたまふこと勿れ」（『明星』九月号）である。

晶子作の刊行時（一九〇四年九月一日）はすでに引き締め期に入っていた。すぐに国家主義者の評論家・大町桂月（一八六九〜一九二五）が噛みついた。天皇賛美者である晶子作への誤読があったのだが、桂月は何よりその表現法に露骨でぶしつけなトーンを感じたに違いない。

彼は第二艦隊非難、つまり国家非難をするメディアの騒ぎにイラ立っていたのであり、晶子作に究極の騒がしさを感じて爆発してしまったのだ、とわたしは見ている。露骨・ぶしつけの騒音度では晶子非難の「乱臣なり、賊子なり」の方がずっと上をいっているのだが。

ちなみに「ひとあし踏みて夫思《つま》ひ　ふたあし國を思へども　三足ふたたび夫おもふ　女心に咎ありや……」と、出征した夫の無事を祈る女心をなよやかに歌った美貌の大塚楠緒子の「お百度」(『太陽』一九〇五年一月号)を、桂月はまったく問題にしなかった。どころか、「此は大に善《よろ》し」と評した(同年二月号『明星』掲載の鉄幹らが桂月をやり込めた糾弾会見ドキュメント中に記録された発言)。他方、晶子のもの言いには男性性を脅かすものがあり、彼の神経に不響和音として響いたのだと思う。

ところで第二艦隊バッシングとほぼ同時進行していたのが広瀬武夫の軍神化キャンペーンだ。旅順湾口を塞ぐために沈めた福井丸からの退船が、姿が見えない部下を探すうちに遅れ、頭に砲弾の直撃を受けたとされる。叙事詩的美挙として報じられた。最初に「軍神」の見出しを立てた東京朝日が先行する(拙著『日本海海戦とメディア』第Ⅱ章参照)。第二艦隊は引き立て係の〝悪役〟でもあった。「軍神広瀬中佐」は軍国日本の表象として機能していく。彼が島田謹二の描く『ロシヤにおける広瀬武夫』通りの人物《ヒューマン》なら、国——実質は軍広報とメディアが先導し文部省が制度化——によるこういう扱いに納得したかどうか。

第五章　海戦直後から創造された伝説

1　覆面参謀が語る「七段構え」

対馬沖の本戦から一カ月後の一九〇五（明治三八）年六月三〇日、東京朝日新聞に「日本海海戦談（聯合艦隊参謀某氏）」という記事が載った。「丁字戦法」と戦闘区域を「七段に区分した攻撃法」という言葉があった。後者はすぐ七段備え（七段構え）に転じ、前者とともに海戦イメージの普及に大きな役割を果たすことになる。双方とも海軍当局が外部向けに公式には使わなかった言葉だが、そのキャッチコピー効果で海戦史譚の基本枠組みを作っていくことになる（ただし敵前大回頭は昭和製）。

「です、ます」調のくだけた文体は講演用原稿であることを示し、小笠原長生の存在を示唆している。東京朝日の記事は第三面のほぼ全面を占める長文（四〇〇字一五枚ほど）で、これは全体の前半であり、翌七月一日に後半が載った。なお博文館の旬刊誌『日露戦争実記』にも七月一三日号（一九〇五年）に一挙全文掲載（四〇〇字三〇枚ほど）された。「参謀某氏」とは秋山真之であり、その「談」を聞いて文章化しているのが小笠原であるが、紙面上ではそのことは明示されていない。

　ポーツマス条約締結は一九〇五（明治三八）年九月のこと、七月に樺太上陸作戦が行われようとしているときの、まだ戦中である。第四章で書いたように、ことは直接作戦に関わっており、それは公表してはならないものと小笠原自身が記者に説いていたことだ。つまり逆にいうと、公表しているということはホンモノではないということを物語る。なお戦中であってみれば一つの攪乱戦術気取りなのかも知れない。いずれにしろフィクション度数、濃厚である。

　ともかく、ここでは七段構えに収斂して述べる。この記事の半月前の六月一五日各紙に、東郷平八郎名（むろん秋山筆）の「戦闘詳報」が掲載された。「天佑と神助に因り……」で始まる海軍公式の海戦報告書である。ここには丁字戦法も七段構えもない。やがて『公刊戦史』も刊行されることになるが、海戦イメージの大衆化において、「戦闘詳報」も、いわばアンコ抜きの『公刊戦史』も、この史談調「参謀某氏」談の「日本海海戦談」に遠く及ばない。

　一九〇五（明治三八）年六月三〇日の東京朝日掲載文（拙著『日本海海戦とメディア』に資料として前半の全文を海軍PR文として収録）には、戦闘航跡図が四枚と原理的な丁字・乙字戦法図（一月九日戦策のもの）計五枚が付き、本文中には次の一三の小見出しが付されている（八以降が「下」掲載)。「一　予期以上の成果」「二　東郷大将の計画」「三　成功の発端」「四　別段不思議なし」「五　東郷大将の戦術」「六　海戦史上の比較」「七　戦闘艦の価値」「八　花々敷水雷攻撃」「九　戦略上の大目的」「十　二十八日の事」「十一　追撃戦の大団円」「十二　善戦の好例」「十三　天佑と天妨」。

二の「東郷大将の計画」に七段構えの原型が、五の「東郷大将の戦術」に丁字・乙字戦法が現れる。七段構えについてはこうだ。「策定されました攻撃計画は四昼夜に亘り、済州島付近より浦潮の前面に至る迄の間に、七段に区分されて居りましたが、其の第一第二段の計画は天候不良等の為め実施できませず、第三段より実施されて第四段五段を続行し、又第六段第七段は其の実施の必要なくして作戦を終結することになつたのであります。……第三段とは二十七日の昼間我が隊の全力を以てする正攻的本攻撃で、第四段は同日日没より本攻撃の終結に連続して駆逐隊水雷艇隊の全力を以てする奇襲的水雷攻撃で、第五段が連合艦隊の大部を以て二十八日早朝より鬱陵島の東西線に先回りして残敵を要撃することであります」(傍線部引用者)というもの。つまり最初は「七段の区分」という表現で登場した。

なお昭和期の『三笠物語』(『小笠原長生全集・第四巻』五一四頁、平凡社、昭和一一年)では「七段構え」と明記。「天候不良等の為め」は「時間及び敵発見位置等の関係から」に変わっている。海戦直後とは違い、混乱の実情を知ってしまったからだろう。

繰り返すが軍の公式記録に「七段構え（備え）」という言葉は存在しない。六月一五日（一九〇五年）の「戦闘詳報」しかりであり、『極秘・公刊』両戦史しかりである（既述の通り「丁字戦法」は『極秘戦史』の戦策論には登場するが、日本海海戦の叙述には全く使われていない）。つまり、七段云々は六月三〇日の東京朝日紙面で小笠原が使い出した言葉ということである。参謀某氏＝秋山にことよせて。だが、本戦前の実情は既述のように凄まじい作戦上の葛藤があり、引き続く北方転位論争、さらにウラジオストックの残存ロシア艦隊の警戒とほとんど火の車だった。当日の現実は電信の乱れ、三コースに別れた進路情報とパニック状態であった。

どんな七段構え、なのか。それは結果オーライから生まれた事後説明概念でしかないのである。ただし、淵源すると思われるものが『極秘戦史』にないわけではない。一九〇五（明治三八）年元日、朝鮮海峡における作戦上の便利を図るため予めの集合地点として加徳島（鎮海湾の出口辺にある島）、鎮海湾、巨済島、南海島、突山島など半島南岸沿いの八地点が定められた（四月段階では鎮海湾および対馬・竹敷港が核となる）。さらに対馬北端と加徳島辺との間を第一、対馬南端と壱岐との間を第二、その東側と西側に交互に第三（蔚山―山口県相島）、第四（城列島―五島北沖）、第五（鬱陵島―隠岐―美保関）、第六（済州島―鳥島―五島南端）の計六警戒線が設定された。むろん、この広大な海域に日本艦隊を分散配置するという意味での警戒線ではなく、会戦予想域の区分概念である。三笠停泊の鎮海湾内は七つに区分されてもいた。これらの情報を職務上知っていた文才豊かな小笠原が、ラッキー7（当時としては福神の七かも知れない）を持ち出すくらいたやすいことだろう。大衆向け用語として適っており、作戦の不手際を覆う効果をもつことにもなった。

「参謀某氏」談の記事以後、七段構えは「秋山真之が考案したといわれる」という冠付きの伝聞形で、自明の作戦として語られていくことになる。『坂の上の雲』（文庫本八の一一三頁）ではこう書いていた。「（東郷が敵前回頭命令を出したのに対して）稀代の名参謀といわれた真之でも、もしかれが司令長官であったならばこれをやったかどうかは疑わしい。かれはおそらくこの大冒険を避けて、かれが用意している「ウラジオまでの七段備え」という方法で時間をかけて敵の勢力を漸減させていく方法をとったかもしれない」。司馬は七段備えを具体的に説明していないが、これを実態のあるものとしてとらえ、こちらの策を丁字戦法より高く評価したわけだ。二〇〇九（平成二一）年のブーム便乗本にも七段構えは自明のこととして頻出していた。

管見の限り、秋山は自分では言っていない。七段構えを各段ごと明確に書いているのは既述の田中著『東郷平八郎』（一九九九年）である。やはり「秋山真之が考案したといわれる七段攻撃」（八七頁、傍点引用者）として以下の通り。

第一段――駆逐艦・水雷艇の襲撃による攪乱
第二段――主力艦による正面攻撃
第三段――駆逐艦・水雷艇隊による夜間攻撃
第四段――主力艦による敵残存部隊の追撃
第五段――駆逐艦・水雷艇隊による夜間攻撃
第六段――主力艦による敵残存部隊の追撃
第七段――第二艦隊がウラジオストック港口に敷設した機雷原に敵残存部隊を追い込んで殲滅

どの史料から得たのか、つまり「秋山真之が考案した」といったのは誰で、どういう根拠でそういえるのか、教えを乞いたい。念のため、二〇〇四（平成一六）年の『秋山真之』で

表1　秋山の十合戦分類（『軍談』1917年）

日時	合戦	対勢	戦果
二十七日午後	第一合戦	彼我主力艦隊の大決戦	敵艦七隻撃沈 内仮装巡洋艦三隻
同日夜	第二合戦	我全駆逐隊水雷艇隊の敵の敗残艦隊に対する強襲	敵艦四隻撃沈 我水雷艇三隻沈没
二十八日朝	第三合戦	我軍艦千歳の敵駆逐艦に対する追撃敵	駆逐艦一隻撃沈
同日午前	第四合戦	我主力艦隊の敵敗残艦隊に対する包囲攻撃	敵艦四隻捕獲
同日午前	第五合戦	我軍艦「音羽」「新高」の敵艦「スビエトラーナ」に対する追撃	敵艦一隻撃沈
同日午前	第六合戦	我軍艦「新高」「叢雲」の敵駆逐艦に対する追撃	敵駆逐艦一隻撃沈
同日午前	第七合戦	我駆逐「不知火」及「第三十六号」艇の敵駆逐艦に対する追撃	敵駆逐艦一隻撃沈
同日午前	第八合戦	我軍艦「磐手」「八雲」の敵艦「ウシャーコフ」に対する追撃	敵駆逐艦一隻撃沈
同日午後	第九合戦	我駆逐艦「漣」「陽炎」の敵駆逐艦に対する追撃	敵駆逐艦一隻捕獲 敵将生擒
同日夕	第十合戦	我第四戦隊及第二駆逐艦隊の敵艦「ドンスコイ」に対する追撃	敵一隻撃沈

田中はやや違う書き方をしている。「朝鮮海峡から（ウラジオ前面の）機雷原までの海面を七つに仕切って行うもので、戦役後、「七段備の攻撃」と呼ばれたが、山屋他人（注＝第三戦隊旗艦「笠置」艦長、丁字戦法考案者候補の一人）が提唱した「総掛かり」戦を起源として発展し

きたものである」（一九五頁）。素直には山屋が創案者とも読めそうだ。ともかく、田中提示の明快な七段分類をしたのは誰か（あるいは後述の櫻井真清か）。なお田中自身は第二段階でT字戦法を位置づけているのがわかる。

この部分の田中描写を再確認しておくと、当日荒天のため「第一段は中止され、第二段の主力艦攻撃から始めなければならなくなった……主力艦による作戦はT字を描くように敵の頭を押さえながら同航戦で勝負をかける戦法である」（『東郷平八郎』九一頁）。やや受動的なT字戦法入りに見える。いよいよ霧のなか間近にロシア艦隊が現れたとき、司令部では反航戦か同航戦か激しい議論があった後、東郷の敵前大回頭命令が出たとしてこう書く。「沈黙を守る東郷が突然下した大英断のように描かれてきたが、実際は艦橋の司令部が迷いに迷い、大騒ぎの末に決まったというのが真相のようだ」（九三頁）と。この周章狼狽ぶりは、準備万端であるはずの七段備えと矛盾はないか。わたしは東郷と加藤には常識的な方針があったことを書いた。それ故、パニックを経て会敵したときも瞬時に次の行動がとれたと考えている。

秋山自身は生前唯一の刊行書である『軍談』（大正六年）でも七段構えなる言葉を使っていない。ただ「日本海々戦の回想」の章に二日間の戦闘について「彼我艦艇の砲火を交はへたる合戦は、大小十ケ所に散在して居る」（七二頁）として戦表【表1】を掲載している。ここで注目したいのは、第一合戦が「彼我主力艦隊の大決戦」であり、田中が書く「第一段＝駆逐艦・水雷艇による攪乱」がない点だ。秋山は却下された自作戦を連想させることには触れなかったのである。もちろん、この分類は事後に戦闘の事実経過を整理したものだから、事前の作戦とされる七段構えとはレベルの違う話であるから、それはそれでいい。この文章および十合戦表は一九三一（昭和六）年、生地の松山で刊行された『世界的偉人 秋山真之将軍』（松田秀太郎編著、向井書店）に、同じ「日本海々戦の回想」という題名でそのまま収録されている。松田筆と思われるその解説前文によって、この稿が秋山の松山での講演録であったことが分かるのだ。

　田中提示の先の七段攻撃（秋山作戦として提示されたもの）と、秋山自身が示した十合戦表（事後の経過）をあえて比較しておく。まず田中の第二段は秋山の第一合戦と、田中第三段は秋山第二合戦（夜）にそのまま整合している。田中の書く秋山七段攻撃は、第四～第六段が二夜にわたる戦闘として立案されていたことになる（東京朝日掲載の「参謀某氏」談では「四昼夜に亘」ると書かれていた）。ともかく、両者はズレを持ちながら内的関連性を感じさせる。秋山自身は松山講演で戦闘開始から三〇分での決着論を強調する。上述の松田編著には「秋山参謀秘史」の章に「秋山参謀は緩急二段、七段戦法奥の手、今に見よ」（二一六頁）という叙述があるが、その内容は記していない。

松田編著の刊行から二年後の一九三三（昭和八）年二月、秋山真之会編の『秋山真之』（東京市牛込区矢来町二六番地、同会刊）が出る。会代表は櫻井真清で住所は会住所と同じ。櫻井は松山出身の海軍少将で、秋山より七、八歳下の幼なじみであった。彼の筆による本とみていいだろう。「所謂る七段構」の項は、「（バルチック艦隊迎撃に当たり）将軍が豫ねて練りに練つた七段構への戦法をもつてこれに臨んだといふ事は有名な話」（傍点引用者）と、定型の枕言葉で書き出す。ややわずらわしいが、ホブズボウムに則していえば「創造された伝説」のルーツ探求のために要約しておく。

「第一段は駆逐隊・水雷艇隊による前夜の襲撃。第二段は翌日、我が艦隊の全力を以て敵艦隊への正攻撃。第三と第五段は引き続き夜間、駆逐隊と水雷艇隊による奇襲的攻撃。第四段と第六段は我が艦隊の大部分を以て敵残存部隊を追撃。第七段階はウラジオ港口に敷設しておいた水雷沈設帯に敵艦隊を追い込む」である。これをよりコンパクト化した箇条書きに整理すると、前述の田中著の七段攻撃（本書一三九頁参照）となる。

丸一年後の一九三四（昭和九）年二月、岩波書店から同じ秋山真之会編の『提督秋山真之』が出る。会代表はむろん櫻井。両書の構成はほぼ同じであるが、文・見出しは多少変わっている。「所謂る七段構」は「練りに練つた七段構」の見出しとなり、七段の説明文も滑らかな文体に修正されている。箇条書きにすれば田中著と同じだ。岩波版では「……秋山参謀はかねてからの練りに練つた七段構を以てしたといはれてゐる」と、前年の書よりやや引いた伝聞トーンになっているが、松田編著に続く地元心情からのアピール書には違いない。東郷本のピークの年（海戦三〇周年）である。我が郷土の生んだ名参謀を忘るなかれ、の思いだろう。岩波も既刊本を使って時流に乗り出したわけだ。ただ、すでに左傾軍人と目されていた水野廣徳の「巻頭に寄す」が新たに掲載された。

櫻井が書く秋山七段構えとは、「日本海々戦の回想」に書かれた秋山提示の戦闘経過の一〇区分を、逆に事前の作戦に読み替えて七段階に整理し直したのではないかとわたしは考えている。あの「参謀某氏」談の七段説と撚《よ》りあわせながら。つまり小笠原史談を膨らます形で統合・整理した櫻井の創作である。秋山の一〇合戦図をベースに生み出された文章表現上の一バージョンなのだ。

日露戦争三〇周年のこの一九三四（昭和九）年は、大手マスコミが競ってキャンペーンを張った回顧ブーム下にあった。五月に東京日々新聞社（現・毎日）から出た『参戦二十提督・日露大海戦を語る』のなかで、「東郷長官が建てた七段備への戦法」という見出しの項で、安保清種（本戦のとき三笠の砲術長、すでに海軍大臣を経験）がこう語っている。

「敵艦隊が朝鮮海峡を経てウラジオに向ふものとし、敵発見は大体昼間でありまするから、合戦の第一段はまず五島列島の沖合の昼戦に始まり、夜に入って対馬方面にかけての第二段の夜戦となり明くれば朝鮮海峡方面の第三段の艦隊戦から引き続き第四段の夜戦となり、それから第五段は鬱陵島方面の艦隊戦、それに続いて第六段の夜戦、最後にウラジオ沖まで進撃して第七段の艦隊戦で止めを刺し……」（三四八頁）。夜戦が三回にわたるのは小笠原の某参謀談「四昼夜」に整合し、本隊決戦が第三段であることも共通する。論の構造としては櫻井の夜戦（二回だが）で区切りをつける論にも通ずる。第一段の五島沖の昼戦に独自性があるが、第二段の夜戦は櫻井の第一段夜戦に重なる。秋山の一〇合戦表の影もある。

端的にわたしは思う。権威秋山の一〇合戦表と、前年（一九三三年）に出た真之会版『秋山真之』を軸に安保は自分の七段構えを創作したのではないか。丸乗りではない。むしろ櫻井ごとき……の思いが、創造の翼を豊かに羽ばたかせたのかも知れない。安保にして実情を知らないのである。（その時も以後も秘匿されたため）。見事な射撃を指揮した砲術長、加えて元海相の彼が「七段構え」といえば、その内容にかかわらず、それは事実となる。否定の論証をなし得る者などいない。それどころか威厳をもってそのことを説く専門家が出てくる。こうしてイメージとしての事実が完成していく。

わたしはメディア論の古典的名著、ダニエル・ブーアスティンの『幻影《イメージ》の時代――マスコミが製造する事実』（星野郁美・後藤和彦訳、東京創元社、一九六四年）をつい思う。表題通りの情況を分析しており、わたしは水ぶくれ文化の時代とも称している。ことは完全にメディア論の世界である。ここで各論者がロープによる連携水雷作戦に言及していないのに注目したい。「世界の海軍史上にない画期的な」（戸高）秘密作戦への箝口令が依然生きていたのか、あるいは完璧な封印で既に誰も知らなくなっていたのか。ともかく、小笠原が戦役直後に仕掛けた七段構えは、丁字戦法とともに見事な生命力で現代に生き続けるのである。

2　小笠原と「参謀某氏」はいつ意思交換したか

一九〇五（明治三八）年六月三〇日東京朝日に「参謀某氏」談が載る事情はどうだったのか。田中宏巳著（『東郷平八郎』）によると、「「聯合艦隊参謀（某）氏」（注＝某が抜けているので挿入）とは秋山真之参謀で、彼はまだ鎮海にあり、秋山から知らされて談話の形で、マスコミに流したのは、大本営海軍部の報道担当であった小笠原長生である。彼は前日の二十九日に銀行倶楽部で日本海海戦に関する講演を行ったが、その場にいた朝日記者が記録して記事にしたらしい」（九四頁）。田中は小笠原日記を見て書いているだろうから、前日の銀行倶楽部での講演は確かなのだろう。

ただ、記者がその場でメモ筆記して翌日の朝刊に掲載したとは考えにくい。戦闘の詳細と戦策（とくに丁字・乙字の一月九日戦策）に精通した者の語りであり、初聞きの者がメモ書きから起こして翌朝の紙面にこの形で出すというのは不可能といっていい。原初的な活字組時代という技術的なことはさて措き、以後百年の神話を作ることになるほどの、それなりに専門的な講演なのである。わたしは小笠原自身の講演用原稿であり、それを会場まで聴きに来ていた記者に渡したのだと思う（あるいは講演翌日の紙面に掲載を許すという同意のもと、事前に資料を渡しておく、現在いう「解禁」方式かもしれない）。当時ふつうの新聞文体「なり、たり」調でなく、「です、ます」調であることもそのことを示唆している。ワンセンテンスが長すぎ、書き方文章としては名文の格調を崩しているが、実際に声を出して読むとわかりやすいのだ（秋山筆と思われる戦闘報類は黙読しての名文である）。既述のように博文館の旬刊誌『日露戦争実記』にも七月一三日号に同文が掲載された。記者の筆記なら同一文ということはあり得ない。まさか東京朝日からの転載ということもないだろう。

ところで小笠原はいつ秋山と意思交換したのだろうか。田中は「秋山はまだ朝鮮の鎮海に……」と書いた。講演当時、秋山が鎮海湾にいたように読める。その場合どういう方法で「知らせた」のだろうか。無電で全部やったとは考えにくい。実は三笠はじめ主力艦隊は海戦から二日後の五月三〇日に、ロシア降伏艦船を伴って早々と佐世保に帰港している。六月三日には東郷は秋山らを伴って佐世保海軍病院に捕虜となった重傷のロジェストウェンスキーを見舞ってもいる。講演日の六月二九日までに小笠原と秋山は会っている可能性が十分あるのである。

そもそも大本営参謀で海軍広報担当たる者が、大勝利の帰港をする艦隊を手をこまぬいて遠く望見しているだろうか。ただ今回改めて「参謀某氏」談を読んで、秋山から一定の情報を得ていたのは確かとはいえ、これは某参謀（つまり秋山）にこと寄せた小笠原の単独作に違いないという思いの方が強くなった。

談にしろ筆にしろ、秋山が主体的にそれをしたとすると以下のような矛盾が生ずる。まず戦策論争のなかで東郷指示の「同航戦」が確定しており、それは丁字戦法却下を意味した。

その言葉は司令部内ですでに禁句なのである。それなのに「参謀某氏」談の「五　東郷大将の戦術」では満開の丁字・乙字戦法が展開される。「当日東郷大将の執られたる戦法が丁字戦法で左図の如く敵列に対しその先頭を圧し丁字に運動……（方向を変えた敵に対して）第一戦隊は十六点の一斉回頭をなして向き直り、その間第二戦隊は尚攻撃を続けて敵の側面を猛撃し、茲に期せずして乙字戦法を施すの對勢を形成」として両戦法の解説に入る。付図とも一月九日戦策そのものなのだ。

つまり、小笠原は職場で日々得ていた情報と「戦闘詳報」をベースに、一月九日戦策の視点でことを料理しているのだ。聯合艦隊司令部内のもっとも微妙な問題に踏み込んでいるのだが、東京の軍令部にまで現場の空気は伝わっていなかったのだろう。秋山から持ち出すはずのない話なのである（もっとも既成事実化してくれたことで彼は戦役後、ひっそりながらも丁字戦法の主張をしやすくなる）。

次に連携水雷作戦だ。「七　戦闘艦の価値」に「（砲撃で戦艦は沈まないというのが常識なのに多くが沈んだことで）機械水雷を撒布したのではないかなど、頻りに質問する人がありますが……我が艦船の行動すべき海面に危険なる機械水雷を撒布するが如きは常識で考へても出来得可からざる事であります」（傍線引用者）と。秋山が口が裂けても言い出すはずのないことである（実際この作戦について直接言及することは生涯なかった）。こちらの経緯も軍令部には正確に伝わっていなかっただろう。その撤回命令である五月二一日戦策は、艦隊司令部内でさえ極めて曖昧な形――東郷と加藤のみぞ知る――というくらいの形で出されたのだ。しかもこの小笠原論述には、そんな作戦は非常識だという認識が軍令部内にもあったことが示唆されている。あえてそういう記述をもち出したということは、東郷司令部へのかすかな批判の意さえ込められていた、といえなくもない。

第三に七段構えであるが、これは小笠原がこの「談」で言い出したことだ。松山スクールの拡声機を経て次第に大きくなって行くが、秋山自身は戦闘の経過を「十合戦」に整理しただけであった。実際、秋山はこういう形での大風呂敷タイプではない。つまり、この「談」は全体として秋山には心外な、それもその時点ではこの上ないほど迷惑千万だったはずのものなのである。少々通俗的な言い方をすると、七段構えは小笠原発のヨタ情報である。それはメディア効果で今風にいえばコンピューター・ウイルスのように増殖していく。

小笠原のフライング広報なのだが、なかなか周到な計らいはしている。まずこれは軍の正式発表ものではない。しかし軍の大事に関わるものであることを、聞き手・読み手に即理解してもらわねばならない。そう理解してもらうためには一定の権威性を備えていなければならず、だからといって、あくまで軍の公式発表とは違うということも同時に了解して貰う必要がある。「参謀某氏」談はこの条件を満たす上、秘めごとじみた響きも効果的だ。

広報担当者は自ら登場して主語で語ってはならない黒子役なのである。しかしこの広報者は自分の主張をしたくて仕方がない。出たがり屋である。そこで「参謀某氏」を舞台に上げ、自らのシナリオで語らせる――。もとより軍令部内の上の了解は得たに違いないにしても、公式ではないから曖昧な形ですぐＯＫが出たのだろう。あるいはメディアの管理者としての実績から、すでにこの辺は自在にやっていたのかもしれない。言論の自由があったなどということでは全くないのだが、治安維持法下のアジア・太平洋戦争時の発表体制と直結させて考えてはならない。

そのとき肝心の某氏＝秋山の了解を得ていたか。「出すよ」というくらいの意思伝達はしただろうが、秋山は事前点検までしていなかったと思う。していれば待ったをかけたはずだ。あまりにも微妙な問題に踏み込み過ぎているのである。とくに司令長官の専権事項である戦策内のことが書かれた紙面を見て、当の東郷がどう思ったか。不快感をもったとしたら、許可なく「談」じた秋山にその感情は向かったはずだ。そして秋山の不快感は小笠原に向かったはず。事実上、ひとの名を騙《かた》った不逞の輩である。事情を知ったとき小笠原は恐懼しただろう。東郷への埋め合わせ意識からの忠誠心はこのときからかも知れない。この記事は、その後の東郷と秋山、秋山と小笠原、さらに小笠原と東郷との関係、あるいはそれぞれの人生にも微妙な影響を及ぼしたとわたしは考えている。

後年、小笠原が語る秋山についての回想は戦役前の姿である。小笠原と東郷の関係も昭和期のそれを前倒しして、日露戦期に重ねてはならない。戦役当時の小笠原は日清戦争の英雄、軍令部長・伊東祐亨《すけゆき》を頭に冠して行動している。そのときの小笠原には東郷がとてつもなく巨大な存在になるとは、思いも及ばなかったのではないか。とはいえ、開戦の年、一九〇四（明治三七）年四月二二日、海軍省新聞記者集会室で記者たちを前に高陞号事件での〝豪胆にして細心な〟司令長官賛美をいち早く行っているのはさすがである（翌三八年三月刊『軍事談片』収録の「東郷長官の逸話」）。ほどなく、躊躇なくシャッポを変える。戦役後の戦史編纂では中心となって尽くす。創唱の七段戦法はいうまでもなく、丁字戦法もここでは従順に排除した。『極秘・公刊』両戦史とも戦闘過程を「十合戦」として整理した。ここは秋山分類である。

ところで小笠原の単著としての最後は東郷死後八年、一九四二（昭和一七）年の『元帥・伊東祐亨』（南方出版社）である。「跋」で海軍中将・今村信次郎が、日清戦役で聯合艦隊司令長官として偉業をなした伊東元帥の伝記がないのは残念、という思いから小笠原子爵に依頼したという事情を書く。小笠原自身は「序」で「其七十余年の生涯は、終始黙々として軍人の本分を固守し、一歩も埒外に出なかった……嗚呼名将！」と。政治への口出しという軍人の埒外に出てしまった東郷への批判と読めないこともない。むろん、当人がその手足となって尽くしたのだから批判をする資格もないのだが、何がしかの思いは滲む。田中論文が指摘したロンドン条約批准問題での東郷の〝背信〟を知るのは戦後のことのはずだが……。虎の威を失ったときに見せた原点回帰の蠢動に、嗚呼！である。

東郷は小笠原に秋山とは異なる器用な文才を見ただろう。戦史編集期における二人の関係を示す記録はないようだ。秘密作業だから自ずとそうなるのだろう。ただし、一九三二（昭和七）年に東郷平八郎著、小笠原註として出した『愛国読本』（実業之日本社）では、戦史編纂の精神を「要は只高處より見下ろすに在り……官の上下を問わず事の真相に就いて忌憚なく評論すべし」と東郷から説かれたと書く。そうであれば後世の範となる、さぞ立派な戦史ができたことだろう。東郷のほんとうの小笠原認知は大正期の『東郷元帥詳伝』からと思われる。昭和になると丁字だろうが七段だろうが、小笠原は軍拡アピールに利用できるものは利用した。今さらこだわるまでもない大東郷である。高齢の東郷の代弁者となる。メディア操作はお手のもの。秋山のことを出すこともあるが、あくまで東郷賛美に必要なかぎりでの、補助線としての使用である。本格的秋山賛美は生地の松山（愛媛県）から始まる。

3　そのとき秋山真之は不在だった!?

日本海海戦における最も劇的な場面は、東郷司令長官の命令一下、三笠が激浪を砕いて左折ターンする「敵前大回頭」の瞬間である。そのとき艦橋上の東郷の右手があがりクルリと半円を描いた——かどうかなどはどうでもいい。一九〇五（明治三八）年五月二七日午後二時〇五分ころだった【図h】。〇八分ころ北東向きへのターン完了。直後にロシア艦が第一弾を発射した。距離七〇〇〇メートルほど。砲弾が降り注ぐなか、後続艦も次々ターン。同一〇分、三笠が初弾発射。それから三〇分で決着はついた、と秋山は戦役後に主張した。

少し時間を戻して、【図h】の一時三九分のところを見てほしい。ロシア艦隊が真正面に現れたため、間合いをとる右折（北西向き）の鋭角ターンをしたところである。もし厳島の通報通りに同艦隊が進んできたなら（図の細実線が右に約一〇キロ分、平行移動する）、この右折は不要で即左折ターンに入ればよかった。一〇キロ近く北西直進のあと、二時少し前頃に左折し、反航の形をとり、〇六分の「敵前回頭」に入っていく。球技の基本形で。

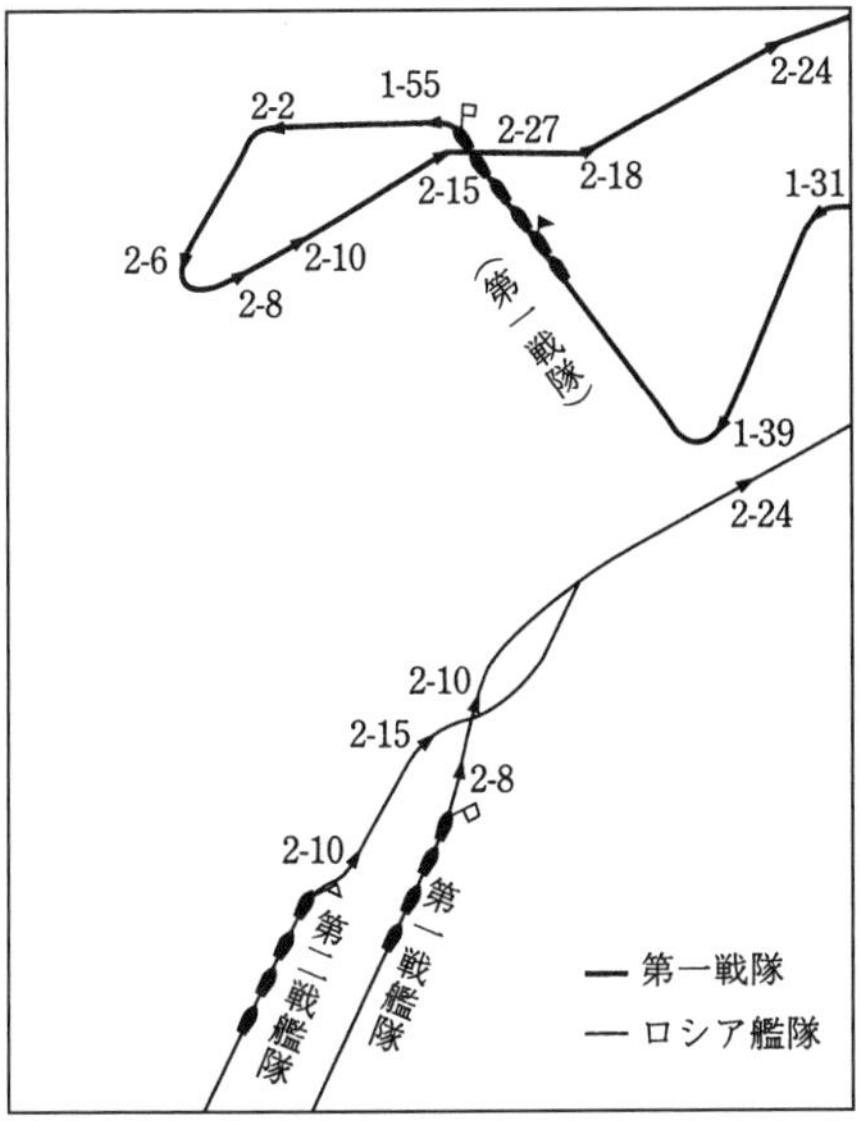

【図h】遭遇時の航跡（『公刊戦史』下巻付図より）

論理的にもっとも重要なのは一時三九分過ぎの右折なのである。だが、海戦談で示されたのは伝統的に二時の反航状態からであった。つまり二時以前を削除して、最初から反航していたように見せるためだ。なぜか。1-39を見せると、なぜそんなターンをしたかの問いが生ずる。それは自ずと直前の混乱状態を呼び出す。海戦神話の核心が崩れるのだ。1-39からこそみごとであった（筍本のなかには上図の2-2地点から右斜め上に実戦を引いた大胆不敵な改竄図もあった）。指令は明らかに加藤から出ていた。秋山の影は薄い。

東郷、そして参謀長の加藤が立っていた前部艦橋は装甲で鎧《よろ》われた司令塔の天井屋根部分に当たる。指揮官は安全な司令塔に入っていてもいいのだが、戦闘中、東郷は艦橋上に立ち続けた。これは事実だ。幕僚は東郷に司令塔に入るようにすすめたが、逆に幕僚になかに入るようにいったという（いったのは加藤だという説もある）。慈愛の名将像を形成するポイントである。ちなみに『坂の上の雲』では東郷になかに入るように頼んだのは秋山で、拒む東郷を加藤も「ぜひ」と口添えした。しかし東郷は動かず逆に「自分は年をとっている。皆が塔に入れ」と命令した。その気持ちがわかった加藤が「では、分散しよう、秋山とおれとがおそばに残る」と他をなかに入れ、艦橋上は三人になったとする。これは小説である。

まったく異なる艦橋風景を描くのが菊田愼典の『東郷平八郎――失われた五分間の真実』（光人社、二〇〇五年）だ。「長官と参謀長だけが最上艦橋に」の項でこう書く。午後一時五五分の「……各員一層奮励努力せよ」という旗艦信号が出る少し前、加藤が「みな一緒にいてはいっぺんにやられるから分散せよと命じた」、としてこう続く。「このとき東郷司令長官が秋山参謀に、「下に入れ」と、直接厳命を下したことは間違いない。東郷大将のかたわらで、右のやりとりを実際に見聞きしていた司令部付の一等信号兵・三浦忠が、そう語っているからだ（大島良之助「三笠艦橋の秘話」――『水交』昭和四一年五月）。こうして「三笠」最上艦橋には東郷司令長官と加藤参謀長だけが位置することになった。八月十日の黄海海戦における、失われた三分間の教訓に学んだ必然の措置といえよう」（一四一頁）。

三分間とは例の秋山と嶋村の口論で丁字戦法の機を逸したことを言っている。秋山がまた加藤と口論でもしたら大変なので東郷がそう命じた、という考えが菊田にあるのだと思う。最後の戦策を曖昧な形でボツにされた秋山に、その危険がまったくないとは言い切れない感じがわたしにもする。が、通信混乱・三コース分裂のなかで秋山にもさすがにその気力・余裕はなかっただろうと思う。とはいえ、決定的瞬間の「下に入れ」は「お前はいなくていい」の屈辱的命令を意味するから、ことは重大である。

菊田が論拠とする『水交』の大島良之助の文章を見ておこう。大島は一九四一（昭和一六）年の「新聞切り抜き」（新聞名は明示せず）からとして、三浦忠の話を紹介している。三浦は画家・東城鉦太郎が戦役後描いた有名な「三笠艦橋図」のなかで、水兵としてただ一人描かれた人物である（画面右から二人目の白い水兵服姿、左手に赤い手旗をもつ。なお三浦の左がノートを手にした秋山真之だ）。三浦の語るところはこうだ。「東郷長官は両の頬をプッと膨らませて泰然として艦隊の転回（注＝敵前大回頭）を見ていられた。やがて長谷川清少尉候補生の測距と安保砲術長の撃ち方始めの号令で射撃を開始した。この時は六千三百米と思います。秋山参謀に「下に入れ」と長官の言われたのを聞きました」。

三笠の射撃開始はターン終了後二、三分である。ここからは、東郷が秋山に声をかけたのはターン後であることが明瞭に読みとれる。菊田の「旗艦信号が出る少し前」、つまりターン前だったという読みはできない。史料の精緻な読みをする菊田にしてはやや粗雑な感が否めない。あるいは、砲撃の開始後に秋山は艦橋から排除されていた、ということをいっているのか。わたしもその可能性はあると考える。が、「厳命」がターン前と後ではインパクトの度合が違う。三浦証言はやや弱い後者であることを示している。

しかし、まさにそれが東郷得意の配慮であったのかも知れないのだ。次に述べる『日露戦役参加者史談会記録』のなかで飯田久恒中将（本戦のとき秋山の下にいた参謀）が大転舵（ターン）の時機について問われこう答えている。「（大転舵の前）参謀長が長官と自分と秋山がここに居るから飯田と永田（副官）と清河参謀は下の甲板に居れというので下の甲板に居りましたので実際の転舵の時機は見ていません」。どうやらこれが幕僚への「下に入れ」なのだろう。ターン前に参謀長の加藤がいったことなのだ。つまり秋山への東郷からの厳命はターン後ということになる。
この間の直接証言といえる史料が一九三五（昭和一〇）年春、海軍が開いた三〇周年記念の『日露戦役参加者史談会記録』だ。すでに大物となった安保、飯田らが参加、仕切るのはむろん小笠原である。『極秘戦史』とともに極秘史料だった記録であり、生の声だけに（時間が経過したなかで地位を得た者たちの自己合理化心理を差し引かなければならないにしろ）迫力がある。このなかで第二艦隊参謀だった佐藤鉄太郎が「大転舵の時期について」でその状況を語っている。ちなみに佐藤は秋山（海兵は佐藤が三期上の一四期）と並ぶ海軍の戦術家といわれた人物で、本戦のときは上村彦之丞が司令長官の第二艦隊旗艦・出雲に乗っており、藤井較一参謀長の下にいた。「大転舵」とは敵前大回頭のことで、座談会出席者はこの言葉を使っており、プロの用語だったのがわかる。「敵前大回頭」は三〇周年ブームのなかで新聞が使い出した言葉であることをわたしは確認している。で、佐藤の発言を引用するが、この記録は速記をそのまま起こしたようなので、現代文に直しておく。

佐藤中将　あれを後方から見ていて非常に感服した。同時にこれは危ないなという感じもして、敵艦隊の頭を抑える機は少し遅れたと思った。それからある時、必要なことがあり東郷元帥に聞いたことがありますが、なんとなく非常に符に落ちないところがあるので、その前に秋山に「偉いことをやったなぁ」と聞いたことがある。そのとき秋山が言うには「俺はあのことは知らなかった」と言いましたので、そんなことでは仕様がないから「お前じゃ、なかったのか」と言いましたが、秋山の恬淡であることには感服した……私はそうするとあれをやられたのは東郷さんか加藤参謀長の二人しかいないわけで、どっちになってもちょっと具合が悪いので、私は聞く勇気がもてなかった。

佐藤が歴々の前で嘘をつくはずはない。秋山の恬淡さのなかに、佐藤は彼の無念さを見ていたのではないか。戦役後いつの時点でのやりとりかはわからないが、佐藤はすでに気づいていたはずである。鎌をかけた質問のようにみえる。基本戦略、つまり同航戦・中央幹線上への占位は東郷と加藤の合意であり、そこからのUターンだったのがわかる（わたしは前著『日本海海戦とメディア』三五頁で秋山を含めた三人での了解事項と書いたが、訂正する）。嶋村と藤井、彼らを通じ上村も知っていただろうが（三人とも史談会時点では故人）、そのとき平参謀の佐藤には知らされていなかったのだ。連携水雷作戦に固執した秋山は、ある段階から蚊帳の外だったのである。

とはいえ先の飯田はこういう発言もしている。「とにかく、敵の頭を押さえて戦をするのだということは皆の頭に入って居ったと思います」。三〇年後の発言だから、後入れ情報が混っている可能性があるが、司令部関係者にうすうすそういう雰囲気、つまりロープ・クネクネの奇策ではない正攻法採用が伝わっていたことを示している。それは秋山の存在感の後退でもあったはずだ。佐藤の発言は、「今上陛下（昭和天皇）が摂政宮（大正天皇の代理）でおられるとき、人払いしてあの戦争の様子を話せと言われたので、七、八回連続講義を申し上げたことがあるが、そのとき例の点が不明瞭ではいけないので東郷元帥のところに伺ってお話しを聞いた」として次のように続く。

ああいう風に突掛けたのは非常に無謀のように思われますが、あれはどういう訳です、貴下がおやりになったのですかと伺いますと、こうおっしゃいました。「佐藤、八月一〇日の戦いを知っておるだろう」と言いますから、「はい存じております」と申し上げると、「あの時はいっぺん敵をやり過ごしてから、どうしても追い付かなくなった、五時間も経ってからやっとのことで追い付いたが、とうとうあのような面白くない結果となってしまった。それだから私は今度ロシア艦隊が来たならば、その時にはもう出合い頭に突っ込む心積もりであった、それでやったのだ」といわれました。それでもう明瞭に判りましたからそれらのことを加えて陛下に申し上げました。

結果オーライのゆとりもあるに違いないが、東郷は率直に語っているとみていい。佐藤が作為を加えたとも思えない。摂政宮への正式報告となるのを自覚した東郷の発言である。ロープ・クネクネなどもってのほかだった。そのことまで具体的に語ることはなかっただろうが。ならば、なぜ無用な戦策転変など許さず、毅然とした指導力を発揮しなかったかという問題は残る。ともかく、「出合い頭に突っ込む」のが同航戦入りであり、それを相手の先頭を抑える形で行ったのである。

わたしは史料未確認だが、菊田著『「坂の上の雲」の真実』によると、佐藤は秋山が「（転舵時）用事があって後部艦橋に行っていたので知らなかった（注＝自分はかかわっていない、の意）」というのを聞いている（一九二頁）。先述の秋山の恬淡さを語ったときの発言か。主任参謀がその重大な瞬間に不在していたというのもおかしな話だが、彼がそういっていたとすると、それは不在＝不用となってしまった自己への苦い弁明としか映らない。中村前掲書『「坂の上の雲」と司馬史観』は菊田の叙述について「「知謀湧くがごとし」といわれた秋山真之には割りの合わない話だが、「後部艦橋に行っていた」だけの理由で「戦略戦術の天才、文章家」秋山真之の評価が下がったわけではない」(八三頁)と批判するが、本末転倒の話である。「知謀湧くが如し、戦略戦術の天才」なる秋山がどうして生まれたか――こそ問題なのだ。「今後の研究に待つしかない」(八〇頁)をいうなら、丁字戦法についてではなくこちらの方である。

いずれにしても戦策論争および本戦での艦橋上のことごとを仕切っていたのは、参謀長の加藤友三郎(一八六一～一九二三)であったことがわかる。東郷は常に背後にひそんでいる(ただし戦闘中は艦橋正面に立ち続けていた)。最も重要な役割だったはずだが性格的に地味だったこともあるのか、海戦譚にはあまり描かれて来なかった(司馬作品以後、主役はもっぱら秋山となる)。東郷が前面に出ないだけに、自分が目立つことをいっそう避ける慎重さがあったように見える。一九二〇(大正九)年五月、第一次世界大戦の欧州戦跡視察から帰った水野廣徳が帰朝報告に海相・加藤を訪ねたときの印象的な記述がある(『自伝』四一九頁)。

時の大臣加藤友三郎大将は、「何か得るところが有ったか」と聞いた。僕は、「大いに有りました。欧州戦争の大規模と敗戦ドイツの大惨状とに照らして今後の戦争について考えると、日本の如く貧乏国にして、しかも世界の孤立国は、如何にして戦争に勝つべきかと言うことよりも、如何にして戦争を避くべきかを考えることが、より多く緊要であることを痛切に感じました」

と答えると、加藤海相は枯木寒巌、蠟燭の燃え残りとの評さえある、あの無表情の顔を筋肉一つ動かさず、眼鏡越しにジロリと僕を見て、

「フン、そうか」

と言ったばかりであった。冷笑のフンか、同感のフンか、相手が無表情だから僕には判らなかった。

加藤は翌一九二一（大正一〇）年からのワシントン軍縮会議に日本の全権委員として出席し条約締結、欧米諸国との協調に努めた。二二（大正一一）年六月、首相就任。条約に基づき、かつては自身の主張でもあった海軍大軍拡の八八艦隊計画を放棄、老朽戦艦の廃棄、海軍の人員整理、シベリア撤兵開始などを実行した。二三（大正一二）年八月、現職のまま大腸ガンで死去。

第六章　松山スクールのこと

1　地元から秋山アピール

現在では突出して有名になってしまった秋山真之だが、彼がそうなったのは日露戦役史のなかから見ると、意外に遅いのが実情である。戦役中、あるいは直後から名を成したのは、つまりマスコミ・レベルということだが、広瀬武夫であり、それに比べれば東郷平八郎さえ遜色があるほどだ。戦役中の新聞・雑誌にわたしは秋山の名前を見ていない。若くして抜擢されたことで、意識的に目立つことを避けたと思える節がある。報告類はすべて東郷の名で出された。いわばゴーストライターである。本質的に自己顕示性が強いので一つの鬱屈にはなっただろう。講演を収録した生前唯一の書『軍談』（大正六年）も広く影響を与えたとは思えない。後年、名文家としての彼が語られるのも東郷名で出された戦闘報告類である。

小笠原が秋山のことを書いているのも確かだが、それは東郷を飾る限りの必要性に応じてのことだ。海戦三〇周年（一九三五年）の回顧ブームのなかで（海軍軍拡という意図からの仕組まれたブーム）、戦略・戦術の本質部分が隠蔽されていたが故に、その大勝利の説明上、適宜もち出された存在が秋山なのである。つまり秋山自体が、敵前大回頭や七段構え、丁字戦法と並ぶブームの一つの産物といえるのだ。

ただし、人物として描かれる以上、やはり明確な執筆意図があり、その担い手が存在した。必要に応じて利用した小笠原ではない。出身地である愛媛県松山の人たちだ。地元文化人と軍における後輩グループが中心となる。既述の一九三二（昭和六）年に出された『世界的偉人 秋山真之将軍』がマニフェストの書だった。奥付に見る著作者は松山市港町三丁目、松田秀太郎、発行所は同所の向井書店となっている。松田は地元の指導的な文化人と考えられる。ちなみに東郷に関する作品の出版は「昭和八から一〇年がピーク」（田中著『東郷平八郎』）だったから、『秋山真之将軍』はその先鞭をなす刊行でもあった。ただしメジャーの東郷本に比べれば地方のごくマイナーな刊行物である。

『秋山真之将軍』の「発行に就いて」（井上要）のなかで、正岡子規と秋山真之将軍が並べて称賛されているが、これは両者の並立賛美の最初期のものだろう。本文冒頭部には『軍談』からの一〇合戦と開戦後三〇分勝利を強調した「日本海海戦の回想」がそのまま転載されている。メインの「秋山将軍回想」には森山慶三郎・飯田久恒ら旧同僚、櫻井真清・水野廣徳ら伊予出身の海軍後輩、出羽重遠・野村吉三郎ら海軍の大物、計三〇人ほどの賛が続く。これらは呼びかけに応じて寄稿してくれた人々であるが、編集側が期待した本命、東郷平八郎は応えてくれなかった。賛の後に興味深いのが無署名（編著者の松田だろう）で書かれた一連の東郷と秋山の比較論だ。あてこすりの東郷批判である。

まず「秋山将軍を評して」の項で、「織田信長の俤《おもかげ》ありと喝破した」加藤寛治の評と対照する形で、東郷を徳川家康に例えてこう書く。「秋山将軍は国威隆々を見ず……病に倒れた。徳川家康の幸運、東郷大将の幸運亦頗る妙である。……日本の歴史は、信長が拵《こしら》へて呉れたようなものだ、信長の設計に依つて秀吉も家康も歩いて来たに過ぎない……全く秋山真之将軍を語るかのようである」。東郷を秋山の傀儡とする論の基本形である。

「東郷元帥と乃木大将」の比較では、「二児を戦場に失ひ、夫妻相倶に畏くも先帝のみあとを慕ひ奉つた乃木邸、自刃の居間教へざるに少年の一団寂として一語もなく、すゝり泣くのみである。純真珠の如き少年団の一行、生きた国賓、東郷邸を教へられて、喧噪の巷を為し、「皆さん、からだを大切に勉強しなさい」、賑やかな事である。爾霊山高地血涙の詩、活動写真、撃滅の巻、春風秋雨萬感交もゞである」。むろん爾霊山は旅順攻防戦の二〇三高地のこと、血涙はこの激戦で乃木が次男を戦死させたことをいっており（長男はすでに金州で戦死）、活動写真以下は世俗のブームのなかで長生きした東郷を皮肉っている。

「秋山参謀秘史」の項では「我が艦隊の北海移動説は秋山参謀に依つて提唱された」と明記する。もはや敵艦隊は朝鮮海峡にはやって来ない、仮に朝鮮海峡に来たなら（津軽沖から）ウラジオ港外に出動して待ち伏せし、一瞬撃滅すべし、ア、——と書く。

この叙述の過程で、「六尺褌を締めて、陸軍兵士の如く短剣をバンドの上より吊り、ある場合には丸腰で活動していた……（東郷大将以下列座のなかで昼食がでると誰も手をつけるものがないなか）お先に後免とも何ともいわず、卓上の果物を手に取るが早いかすぐ口中にバリバリ、これはうまいといって且つ喰い、且つ飲み、食い終わればサッサと挨拶もなしに自分の居室に席を外して、例のナタ豆煙管を叩くのであった」という、その後の奇才・秋山定型描写となるものが表れる。もっともこれは同書（『秋山真之将軍』）中にある飯田久恒の「聯合艦隊出動の第一報告」のなかで書かれていることであり、こちらが発信元であることがわかる。飯田は戦役中、三笠にあって秋山の下で行動を共にした参謀である。秋山の言動には東郷に特別目を掛けられている身ゆえの大胆さ、見方によっては増長が伺われるところでもある。本戦の朝、例の「波高し」電文の付加の様子もここで飯田が明かしたことだ。

松田は練りに練った「策戦計画」として——その白昼攻撃は日本海海戦にも主唱されたが、浅間の故障のため決行することができなかった。この戦法はウラジオ港外において乾坤一擲の快業として試みられようとした。果たしていかなる戦法か、永劫の絶対秘密に属する。津軽海峡か朝鮮水道か、彼も迷った、我も迷った、秋山参謀は緩急二段、七段戦法の奥の手……凄絶ア、凄絶――と。ア、が多い。「絶対秘密」に秋山がかすかに漏らしたらしい痕跡がうかがわれる。

東郷への不満をストレートに書いているところがある。ここが本書『秋山真之将軍』の核心部だろう。松田は東郷に面会して「秋山回想」の文章依頼しようとしたようだ。それに対して「元帥副官・山澄大尉」名で、「東郷元帥閣下、尚病床中に有之、御面会は一切御断り居らる、状況に御座候。御依頼の件、閣下に申上候處「秋山の偉い事は既に世の中に知れ渡つて居る」。又元帥も健康恢復せば貴下に御目にか、られてよろしき旨申され候」という返信が来た。

この書信は「秋山参謀秘史」の項の末尾に資料提示的に載せられているのだが、レイアウト上の配慮であろう、ここから何ページか離れたところに、「「秋山の偉い事は既に世の中に知れ渡つて居る」との伝言は要を盡し、徹底しては居るが、卑俗の世、何となく物足らぬと感ずるのは、無理でないかも知れぬ」と書き手の本心を示す文章が現れる。当時としては精いっぱいの表現であろう。同時に、これは東郷と秋山の戦役後の冷ややかな関係を明確に物語っているところでもある。

この本（『秋山真之将軍』）の刊行は一九三一（昭和六）年五月だから、東郷への依頼はこの年前半に行われたはず。八四歳の東郷が体調を崩していたのは確かだが（三年後に死去）、前年はロンドン条約批准問題で暗躍し、この年も四月の浜口雄幸内閣辞職から若槻礼次郎内閣の成立期に小笠原を介して海軍人事を軸に関与していたときである。きな臭い忙しさのなかにあった。地方の一民間人に割く時間などなかったのだろう。そのことを自ずと感じていたはずの松田の筆は、だからまたイラ立つ。そこに、確立した帝国的秩序から閉め出された、草の根のナショナリズム心情の反発を見るのも可能かも知れない。

同じ項のなかで、以前、松山市内の公園（道後公園）に秋山の銅像を建てたとき、東郷に「知謀如湧」と揮毫してもらったことに絡めてこう書く。「知謀如湧は子爵小笠原長生中将の撰する処だと聴く、果たして然からば「之は重要にして百世不朽の文字故に全人格を伝へよ」と嘱して貰ひたかつた。愚按するに、秋山将軍の知謀を称する妙ではあるが、その一片影に過ぎないと思ふ、湧く水には源泉がある……全生命、全人格を、知謀に繋ぐならば、湧くが如しでなく、神の如しと称するが妥当である」。つまり、知謀如湧ではなく「知謀如神」とせよ、である。

神は海軍では正式に広瀬武夫と決まっていた。神の名がちらちらしていたこの時期の東郷でもそれを避けて「聖将」であった。神になるのは死後、東郷神社ができてからである。ちなみに「知謀湧くが如し」という言葉を最初に奉ったのは開戦初年度の秋山の上司であった参謀長・嶋村速雄である。一九一八（大正七）年、秋山の葬儀の場で嶋村が追悼の辞として述べたものだ。「故人の頭には滾々《こんこん》として流れ尽きざる天才の泉と言ふものを有つてをる、其の泉は天才に加ふるに或いは目に見、或いは万巻の書を読みて得たる知識の中に不用なるものは洗ひ流し、必要なる部分のみを蓄へると言ふ作用を有し、事有れば其中より相當のものが流れ出て来る」（『元帥嶋村速雄伝』）。嶋村の言であることがその信憑性を担保しているのだが、実情はやや微妙である。

この叙述の前にこうある。軍令部長の嶋村の部屋に一参謀が来て秋山追悼の辞を依頼した。嶋村は暫く考えて「自分にはできない、自分がそれを遣ることになると、事に依つては東郷元帥の偉勲に少しでも曇を懸けることがあつてはならぬと思うと、中々に難しいから」と断った。しかし追悼会の前日になって参謀を呼び、「斯く斯くの程度の事なれば追悼辞を述べて遣ろ」。そして上記の辞となった。つまり、それは「斯く斯く程度のこと」であり、東郷に少しでも具合の悪いことは避けた内容であったことになる。具合の悪い事柄を示唆する記述が別の個所にもある。

「日露戦争中、作戦主任の秋山参謀は知謀ある名参謀であるが、兵学上の理論から案出して実行するので、大きな危険を伴うことがあつた。参謀長は実地家であり事を遂行するのに用意周到である。故に秋山参謀の計画案は参謀長が一々念を押し、詮議して考え込み、腑に落ちた上でなくては同意しなかつた。しかし、容れる限りは秋山参謀の説を容れてその手腕を発揮させたが、参謀長は艦船人員の損害を大きくしないよう大いに意を用いた。悉く秋山参謀の説が行われていたなら、旅順方面に於ける我が損害は一層甚大であつただろうとは当時参加の艦長らの話である」。

嶋村の秋山葬送の弁は、恩讐を超えた潔い行為と伝統的価値観からすると評価されるのだろう。しかし、歴史への証言としてはどうだろうか。やがて形作られた神話的海戦談は嶋村の認識していた海戦像とは別物だったはずである。秋山賛は昭和の初め、上述のように松山で「知」を超えて「神」の主張として表れた。嶋村自身がそういう流れの源泉のところで加担していたことになる。そして第二次世界大戦後に、その流れは大きく花開く。神ではなく、天才であったにしても。

松田編著の二年後の一九三三（昭和八）年二月、秋山真之会編の『秋山真之』が出て、七段構えが強調されたことは書いた。そして三四（昭和九）年には岩波書店から同じ内容の『提督秋山真之』が出た。こちらで新たに加わったのが秋山の遠縁、すでに左傾軍人のレッテルをはられていた水野廣徳の「巻頭に寄す」である。水野はここで少年時代あこがれの存在であった淳（真之の幼名）の思い出を紹介（今日の秋山ものの定番エピソードとなる）した後、本書刊行の事情を、「この書は既に秋山真之会に於いて編述し『秋山真之』として限定出版されたものを普く世に識らせるために、解り易く又系統立て、書き改めたものである」と書く。岩波の刊行は、松山グループが醸す一定の反体制性を買ったのかも知れないし、そのために水野を登場させたとも思える。

これら松山スクールの秋山顕彰は、小笠原主導の東郷賛美として進んだ三〇周年ブームのなかでは、ささやかな傍流といえるものであった。が、まかれた種は第二次世界大戦後に大きく実を結ぶことになる。島田謹二が秋山への関心をもったのは岩波版のこの書であった。島田門下の小堀桂一郎が、「昭和十二年三月、当時台北帝国大学文政学部の講師の職にあった著者（島田）が、『提督秋山真之』のこと」という書評を雑誌『台湾教育』に発表したのが、秋山に対する氏の関心が活字となって表れた最初の痕跡である」（島田『アメリカにおける秋山真之』の巻末解説、朝日選書、一九七五年）と書くように。島田なくして今の秋山真之はない。そして水野の再発見にも島田は大きく関与していた。水野の破天荒ともいえる人間像を明らかにした「自伝」は戦後も一九七八（昭和五三）年に『反骨の軍人・水野広徳』（経済往来社）として刊行されるのだが、それに力を添えたのが島田であった。七七歳、島田にとって水野は一つの副産物だが、じつはまだもう一つのメイン・テーマを抱えていた。

2　反戦軍人・水野廣徳のこと

水野廣徳（一八七五〜一九四五）は松山（愛媛県）出身、海軍兵学校二六期卒、同期に野村吉三郎、清河純一（秋山の下の参謀）がいた。松山藩の下級士族の家に生まれ、幼くして両親と死別し、母の兄夫婦のもとにあずけられる。「自伝」では、実の子とはかなり差別扱いをする伯母（秋山のいとこ）だった。貧しいなかでデイヴィッド・コパフィールド風といえなくもない幼少年期となる。が、デイヴィッド少年に比べると大部やんちゃ坊主であった。日本海海戦には一一〇トンの水雷艇艇長として参加。戦役後、小笠原主導下の海戦史編纂チームに入る。水雷艇隊報告が新聞に載って（小笠原の手で記者集会室に提供されたと思われる）、好評だったことから引き抜かれたという。一九一一（明治四四）年、日露海戦を描いた『此一戦』を発表、本業をしつつアルバイトをしていたらしい。陸軍の櫻井忠温（一八七九〜一九六五）が三年前に刊行した乃木軍の旅順地上攻撃戦を描いた『肉弾』とともに、明治戦争文学の二大名作と評される。ちなみに櫻井も松山出身である。

水野は一九一九（大正八）年、既述のように第一次世界大戦終了直後の北フランス戦跡の惨状を見て、思想の転換をなす。二一（大正一〇）年、四六歳で軍服を脱いで作家・評論家に転じる。すでに左傾分子のレッテルがはられていた。二五（大正一四）年四月号『中央公論』に発表した「米国海軍と日本」が拍車をかけた。これは同誌が「二十世紀の謎　世界の驕児・米国及び米国人の研究」と題して特集を組んだなかで、芦田均、高木八尺、美土路昌一ら各界計一四人の論者の一人として、水野が寄稿したものだ。こう書く。

「米国は現代に於ける世界第一の富国である。其の国土は広く、其の人口は多く、其の工業は盛んに、其の物資は豊に、而も其の財力に至りては世界の金の三分の二を所有……従つて米国は世界一の強国である。……兵力の競争に於て世界の何れの国もその矢面に立ち得るものはない。曾て八八艦隊を計画し米国海軍と競争を試みたる我国の如きは忽にして財力枯渇し、華府会議の開催に依つて辛ふじて醜上を暴露せずに済んだ」。主力艦を米・英・日で、一〇：一〇：六に決めたワシントン軍縮会議（一九二一～二二年）の肯定評価である。

海軍主流が「七」を主張するなかで全権委員・加藤友三郎（元聯合艦隊参謀長、ワシントン会議後に首相）は、日本の財政破綻を免れるにはこれが限界であり、アメリカとの戦争はもともと不可能であるという判断のもと、条約締結を押し切った。これが海軍の強硬派（中核に東郷）の不満を呼び、一九三〇（昭和五）年のロンドン条約問題の火種となる。大正デモクラシー下で、加藤首相に同調の論とはいえ（加藤は二年前大正一二年没）、軍出身の水野のこの主張はすでに危険なものであった。こういう表現もある。

「資本家が其の富に依つて国家の権力を自由にする如く、資本国は其の富に依つて世界の兵力を自由にする。そこに世界共産主義の必要と理由とがあるであろう」。容共発言ととられたはずだ。海軍の戦いについてはこう書く。「本来海軍の戦争は鉄板を以て囲まれ、海水に依つて限られ逃げも隠れも出来ぬ軍艦内の作業である。銃剣の突撃でもなく、塹壕の強襲でもなく、唯大砲を操縦し、機械を運転するばかりで、個人の怯勇は戦いの勝敗に多く関係しないのである。しかもナイアガラの瀑布の上を綱渡りしたり、紐育の摩天閣の壁によぢ登る如き冒険性に富む米国人は、戦場に措ても亦決して怯者でないことを想像できる。縦令愛国心であろうと、名誉心であろうと、好奇心であろうと中《あた》る弾丸の力に差異はない。我等は米国人の米国魂を買い被ぶることの愚なると共に之を侮ることは大なる誤である。米国の兵力を攻究するに當り、其の人的要素は彼我同等のものとして考慮するにあらざれば、英国民に対したる独逸人の誤算（注＝第一次世界大戦前、ドイツ人は血を見ればイギリス兵は逃げ出すだろうと嘲っていた）を繰り返へすであらうことを恐れる」。これは天祐神助の世界ではない。

水野は終戦後の一九四五（昭和二〇）年一〇月、病気療養で疎開していた伊予（愛媛県）の大島で死んだ。江藤淳によるとその五月の米軍空襲で東京・三軒茶屋の自宅は焼失した。このころ米軍機が撒いた降伏勧告ビラには上記引用文が印刷されていたという（江藤ら編『戦争文学全集第一巻』毎日新聞社、一九七二年、江藤「解説」）。なお櫻井は戦後も講演や雑誌執筆など「目覚ましい活動」を行ったと江藤は書き、水野については「最期ははるかに悲痛」とする。

ところで左傾レッテルの水野が、一九三四（昭和九）年の岩波版『提督秋山真之』に「巻頭に寄す」を書いて秋山を賛美した意図は何だっただろうか。財閥主導の露骨な資本主義化と軍国主義化、それによる社会矛盾が噴出するなかで、水野は社会主義・共産主義の理解にまで至っていた。リベラルで理知的な精神が、秋山真之のそれと交差するところはないとわたしは思っている。『軍談』にみる秋山の対外観に普遍性はない。ただ「巻頭に寄す」のなかでこういう記述がある。

「彼（秋山）は人間の経験と識見とが共に豊熟して大事を為すに之れからという五十一歳で、病の為に逝いた。官は海軍中将であった。大将すら大量生産の今の時に於て中将の官は彼の為めに決して高しとは言へない。海軍々人として彼が国家に尽くしたる偉勲大功は官位を以て量るには余りにも大きく、大将元帥を以てするも尚ほ足れりとはしないであらう」。その不当な処遇は、詰まるところ東郷体制に由来する。それと自己の不遇な状況をもたらしている根源は同じ——という感覚をにじませた東郷批判とも読める（ただ、日露戦直前の後述の体験で東郷には個人的親近感をもっていた）。むろん秋山が、義理の縁者であるということへの心情的共感が働いていたことも確かだろう。同時に、すでに軍との間が微妙になっていた水野にとって、秋山を立てることで軍とのつながりをアピールする思惑もあったと思われる。

なお水野は、秋山死去五カ月後の一九一八（大正七）年七月号『中央公論』に追悼の「噫、秋山海軍中将」を寄せている（掲載時は大佐）。翌年渡欧して回心する前の文章である。幼年時の回顧を主とした四百字二五枚余の稿で、兵学校生として帰省していた秋山が、少年たちの水泳教練の池にルール破りで闖入した地元駐在の連隊兵士に制裁を加えた目撃体験、人を屁とも思わない放屁癖、服装・食事への無頓着さなどを紹介する。

日露、戦争中の活躍への賛もある。「神策鬼謀を運らして露国艦隊を全滅……」「不撓不屈の勇猛心と、不休不倦の精神力と相俟って、計画実施常に宜しきを制し、優勢なる敵艦隊を旅順及日本海に全滅」、さらに「（帝国の前途多難なときにこの才能を失うのは）我が海軍の損失のみにあらず、亦実に国家の大損害」と。先の松田編著に、東郷に秋山への回想を依頼したところ「秋山の偉いことは世間に知れ渡つて居る」という回答があったと書かれていたが、このとき東郷の頭には水野が書いたこの賛があったのかも知れない。岩波版の「巻頭に寄す」は「噫、秋山海軍中将」をごくコンパクト化した稿であることがわかるのだ。秋山にまつわる個人的エピソードは水野と飯田久恒が二大源流であることが判明する。

ところで、夏休暇で帰省中の真之が旧藩以来の水泳教練の池で、褌をつけるルールを破った陸軍の兵隊たちを水中に叩き落として追い払った目撃談は、秋山の青春活劇としてよく用いられるものだ。正岡子規が「剛友」と称した（講談社版『子規全集・第十巻』一一四頁）のもわかる。『坂の上の雲』でも第一部の「ほととぎす」に取り込まれている。ただし、「噫、秋山海軍中将」のデータでは間に合わない詳しさである。水野がこの目撃談を詳しく書いたのは「自伝」（一六九頁）であった（刊行は死後三〇年余の一九七八年）。「ほととぎす」の叙述はこちらに則しているから、おそらく司馬はオリジナル稿あるいはそのコピーを「自伝」刊行前に読んでいたことになる（新聞連載は一九六八～七二年）。昂然と池の筏上に立つその顔つきが、わたしには今に残る軍服姿の彼の写真像とつい重なる。写り映えの仕方を心得た人である。左斜め正面顔に自信があったようだ。

　水野「自伝」と読み比べると司馬における元資料の取り込み方がわかって面白い。例えば、水練場のお目付け役を自認していつも脱衣場の横に座している正岡老人のこと。司馬作品では水練神道流師範正岡久次郎となり、「いつでも袴をつけ、夏羽織を着、扇子をひさに立て、まるで木彫りのようにうごかない……御一新などはあたまから認めておらぬようでもあり（事実、老人はまだまげをつけていた）」。この老人がルール破りの兵士を大喝する。イメージはかちかちの硬派。

　オリジナルの水野「自伝」では、神伝流の正岡藤太老人（こちらが本当の流派名・姓名だろう）は「正岡の小父さん」と呼ばれており、「維新の断髪令の強制に憤慨して、坊主頭に剃りまくって以来、再び髪を蓄えぬ程に武士気質の快活な人であった」。こちらは「裸ながら厳然と」、である。そして夕日が西に傾く頃、青年たちが集まって来る。誰かが、「小父さん又極意をお聞かしんかと催促すると、正岡の小父さんが坊主頭をつるりと撫でながら、上品な温顔に笑いを含んで、「又始めるかやの」と胡座の上に座り直して、徐に煙管で一服やる」。そこで始まるのが、猥談である。軟派老人。

水野は幼時の秋山との体験をもう一つ書いている。世話になっていた家に、秋山（伯母のいとこ）が訪ねてきたときのこと。「自伝」と「噫、秋山海軍中将」の両方に書いているが、詳しい「自伝」（二〇一頁）の方を引用する。「（珍しく来客があったので、伯父・伯母の子の充公と一緒に）こっそり玄関から座敷を窺いて見ると、人は見えなかったが、上り戸に綺麗な外套が脱いであった。ピカピカ光る艶のある羅紗に、沢山の金釦が付いて居る。今まで見たこともない様な立派な品である。恐る恐る羅紗地を摩って見たり、金釦をいじって見たりしながら、充公と共に「キレイじゃの」と感心したのであった」。客が帰ったあと、その人が秋山の淳さんで水練場の英雄であることを知る。わたしはこちらの挿話に心打たれるものがあるが、司馬作品には出て来ない。このころ水野少年が着ていたのは一シーズン洗濯なしのボロ服だった。

さて『世界的偉人 秋山真之将軍』の松田の文は抑制を利かせようとする分、いっそう沸々と怒りがたぎる。反体制的心情、といっていいだろう、左翼のそれというわけではないにしろ。

東郷あてにこうも書く。「閣下、本書『秋山真之将軍』は天下一品、絶後ではないが、空前の快業自ら恃むものがある。後世必ず、有名の士に依つて大著あらん」。刊行済みの大著『東郷元帥詳伝』に絡めての皮肉だが、「有名の士に依って」は預言的である。

四〇年後に司馬の大著が現れる。むろん前後した島田作品もあげなければならない。両者とも松田編著を読んでおり、それぞれ執筆に期するところがあったのだと思う（島田は資料・参考文献を克明にあげるが、司馬は中村著『「坂の上の雲」と司馬史観』が指摘するように「出典を示すことはあまりない」から正確にはわからないが）。両者とも、自覚的に松田の意を引き受けたのだとわたしは考えている。

水野の『此一戦』のなかでもっとも印象に残ったのが水雷艇についての次の一節である。

「朝鮮海峡西水道の吹き通しに於て、横波を受くることゝて、戦艦さへ動揺激しく、中甲板の諸砲は、砲口波を掬《すく》ふばかりである。況《ま》して僅に百噸あまりの水雷艇に至つては、輾転動揺箕《み》を翻すが如く、艇の傾斜は実に六七十度に及び、怒濤艇主を呑めば人諸共に水中に没し、激浪艇尾を襲へば、勇波、上甲板に漲り、汽機は絶えず空転して、船体砕くるかと疑れ、潮水は煙突内に奔入して、汽缶の火も消ゆるばかり、船転覆するか、己れ波に滚はるゝか、水雷艇員は敵を見ずして、既に死を待つて居る」。

別の個所では、「世に水雷艇乗りを称して乞食商売といふ」と自嘲的にいう。「服装の穢き点に於て、食事の粗末なる点に於て、居住の窮屈なる点に於ては、少くも相類似して居る。……軍艦の兵員には、水兵あり、機関兵あり、信号兵あり、木工あり、看護あり、主厨あり、其の他割烹、剃夫、給仕の傭人に至るまで、それぞれ専門の分業がある。然るに水雷艇に於ては、唯水兵と機関兵ばかりである。故に水兵にして主厨の仕事もすれば、機関兵にして信号兵の仕事もやらねばならぬ。士官に至りても、唯艇長と乗組の中少尉一人のみで、軍医官も主計官もいない。……又軍艦では当直士官が五六人も居て、普通四時間毎に交代するのであるが、水雷艇では艇長と、中少尉と唯二人で、夜も昼も、ぶつ通しに、当直するのであるから溜らない。夫も一週間や、十日ならまだしもだが、旅順封鎖の如く半年以上も続いては随分体に無理がいくらしい。それかあらぬか、当時の水雷艇乗りで、今日身体を毀して居るものは少くない様である」。

木の葉のような水雷艇と巨艦の司令室、秋山と水野の違いはここにも由来するように思う。水野がまだ軍国主義者時代の叙述である。彼の水雷艇からの視点は、秋山と隔たっていかざるを得なかったのではないか。秋山が水雷作戦を重視するにしても、彼自身がそれに乗るわけではない。水野が秋山に主観的に共感していたにしても、客観的には対極的な位置にいた。『坂の上の雲』は巨艦の司令室レベルの話である。

水野が小笠原主導下の戦史編纂作業員であったことは書いた。『此一戦』は直接史料を読めたことで書けた作品であるが、それだけに極秘部分は慎重に省いた叙述であり、基本的に『公刊戦史』に則っていることがわかる。とはいえ、もち前の反骨心からだろう、かすかに示唆し、公説を外し、批判しているところもある。

まず、例の「敵前大回頭」をどう書いているか。「抑も敵前に於ける回転運動は、海戦術の原理に於いて最も危険にして、最も忌むべきものと認められて居る」と、基本的に否定である。『坂の上の雲』では「味方にとっては射撃が不可能にちかく、敵にとっては極端にいえば静止目標を射つほどにたやすい」という表現になった。以下、水野叙述を現代文で書くと、――東郷大将のやり方は大胆というより冒険というべきであり、兵棋演習の試験なら落第かも知れない。ただ虎穴に入らずんば虎児を得ずで、この冒険があってこそ完勝が得られた。大将にして座乗戦術の空理にこだわり、危険を恐れて（すれ違いの）反抗戦に入ったならば、その後の戦機の展開は困難になっていただろう。これは敵のあり方に因っての対応であり、対バルチック艦隊においてのみ成功したのであって、一般化するのは間違いである

――。

つまり、ほめているようでもあり、批判しているようでもある。こういう書き方しかできなかったのだろう（本書七五頁の司馬の描写のベースになっているところとわたしは思う）。小笠原のように常法を破ったことに天才性を言上げする論と構造は同じだが、水野には特殊と一般性の対比のなかで特殊の重視を戒めるニュアンスがある。彼は奇襲隊による水雷ロープ作戦（五月一七日戦策）を編集作業のなかで知っただろうが、藤井較一らによる撤回過程までは知らなかっただろう。その経緯は東郷軍令部長下の作業で編集スタッフにも秘せられていたはずである（昭和の藤井回想で初めて明かされた）。『極秘戦史』でも各戦策の条文が記されているだけで、その間の事情については一切触れていない。

水野の記述には、あのターンがロシア艦隊に対する鳥瞰的な位置関係から生まれた戦略であることを知らず、やはり出会った瞬間での判断という理解がある。この点で小笠原と同じだが、単なる神話に与さない批判精神を読みとることはできるのである。

3　八島沈没隠蔽と東郷平八郎への「注意」

海軍の隠蔽体質の重要なきっかけとなったのが、戦艦八島の沈没隠蔽である。これについての水野廣徳の筆が興味深い。ことの経緯を要約しておく。開戦初年（一九〇四年）の二月末に始まった旅順口閉塞作戦は、五月二日に行われた第三回作戦も八隻一五〇人余が参加しながら失敗した。作戦後収容されたのは死者数人を含む六七名、つまり半数以上が不明あるいは死体回収不能という惨憺たる結果であった。『公刊戦史』も書く数字である。さすがに四回目計画は起こらなかった。他方で第二回で戦死した広瀬武夫の軍神化キャンペーンが進んでいく。美談化して失敗を糊塗する軍とメディアのスクラムである。

二週間後の五月一五日のこと、昼ころ聯合艦隊主力が旅順沖合で行動中、まず初瀬（一五〇〇〇トン）が触雷、その十分ほど後に八島（一二六〇〇トン）も続けて触雷した。初瀬は一時間後に沈没、死者四九五人。八島は大きく傾きながら自力航行を続け遼東半島つけ根付近に設定された艦隊停泊地をめざす。が、夕刻、司令官の梨羽時起の判断で艦は放棄され、全員が僚船に移乗した。死者なし。「八時半頃沈没」と『極秘戦史』は書く。「頃」とは沈没の場は確認していないということだ。『公刊戦史』は八島についてごく簡単な記述しかなく、沈没時間は明記していない。両艦とも東郷直属の第一戦隊（最強の三笠以下六艦）の艦であり、虎の子の六隻のうち二隻が未だ何の戦果もあげないまま、一日にして失われたのだ。

じつは同じ日早暁、巡洋艦「吉野」（四二二〇トン）が装甲巡洋艦「春日」（七七〇〇トン）と衝突して沈没し三一七人が死んでいた。また前日の一四日にも通報艦「宮古」（一八〇〇トン）が触雷沈没し二四人の死者が出ていた。二日間計四隻、八三六人の死者（ちなみに日本海海戦二日間の死者は一一〇余人）である。日露海戦中、最大の犠牲者を生んだ出来事となった。しかし、このことは栄光の戦史の中でまったく記憶されなかった。八島沈没が隠蔽されたからだ。それを明かすとイモヅル式にすべてが、東郷への「注意処分」も含めて、引き出されるからである。

『極秘戦史』に八島についてやりとりする聯合艦隊司令部と大本営の電文がある。むろん『公刊戦史』からは完璧にカットされた部分であり、やや不謹慎な言い方になるかも知れないが、わたしには白眉の面白さであった。沈没の翌一六日、伊東祐亨海軍軍令部長が「両艦の沈没は作戦上重大な関係を及ぼすので当分秘密にする必要を認む」と東郷に打電する。この中で八島についてさらなる詳報を求めるとともに「初瀬の沈没は恐らく敵に認められているだろうが、八島は（夜間なので）見られておらぬだろう」という言及がある。

東郷は二日後の一八日に「八島の沈没は午後八時過ぎ。故に初瀬の沈没は（白昼なので）恐らく敵に見られたけれど、八島は見られていない」と返電した。相手に見られていないのはその通りとして、こちらも五時半に艦を放棄して離れたので同じく見ていなかったのだ。わたしはここのところで伊東と東郷（実際の起草者は秋山だが）との間の微妙な齟齬のようなものを行間に感じざるを得なかった。想像を加えていってしまうと、伊東は最後の確認もせずに離艦した責任を問うている。場合によってはロシア側に鹵獲《ろかく》されるではないか、離艦するならなぜ沈船処分をしなかったか、ということだ。こういう場合は沈船処分にするのが英海軍以来の基本ルールである。ここにも東郷の優柔不断さがある。

八島を隠した初瀬の沈没発表は一九〇四（明治三七）年五月一九日で（小笠原差配下の海軍省新聞記者集会室でだろう）、各紙には翌二〇日の掲載となった。発生から四日ものタイムラグ発表は、ロシア側の鹵獲がないという見極めをする時間が必要だったからに違いない。伊東の言をとって返した東郷側の「見られていない」だめ押しは、隠蔽措置の提案と思われる。微妙に責任回避もこめた阿吽の呼吸のやりとりなのである。

五月一八日には御前会議が開かれて、山本権兵衛海軍大臣、伊東海軍軍令部長の連名で東郷に打電した。「本日、吉野、初瀬、八島遭難の諸報告を（天皇に）奏上……、貴官の動作は始終遺憾なく行われ、偶々公道に設置された敵の水雷に触れ、又濃霧に際会しての不幸はやむを得ざるもの」と。内容はともかく、天皇臨席の御前会議が開かれたということが事態の深刻さを語っている。このとき軍幹部の間で東郷更迭のかなり激しい論議があったという証言がある。なにしろ緒戦、閉塞作戦、今回の大量沈没と黒星続きであった。

『極秘戦史』は同じ五月一八日、もう一つ興味深いことを書く。「伊東海軍軍令部長ハ同日又左ノ如ク東郷聯合艦隊司令長官ニ注意セリ」と。「左」とは沈没地点付近一帯の水雷の危険水域のことなどを指しているのだが、要するに注意処分だ。重大な損失にまったく無罪放免というわけに行かないのは組織原理上、当然である。つまり、あの大東郷が戦役中、注意処分を受けていたのだ。伊東は日清戦争のとき聯合艦隊司令長官として巨艦「定遠」「鎮遠」を擁する清国艦隊を破った英雄である。ちょうど日露戦争後の東郷の位置にあった。しかし、今は一般にはまったく記憶されていないといっていい。他方、東郷は神格化され、海軍は東郷の海軍となっていく。伊東はその影に消えてしまった。正確には消されてしまった。

ちなみに伊東祐亨《すけゆき》は東郷より四歳上、同じ薩摩出身。イギリス留学した東郷に対して、勝海舟の神戸海軍操練所の出身だ。坂本龍馬が塾頭をしていた。勝は晩年の辛口のエッセイ『氷川清話』のなかで「小生意気」だった陸奥宗光と比較して、伊東については前庭で相撲をとったり、多くの塾生が出世していったなかで昔の好みを忘れず時々見舞ってくれたと、好感をもって回想している。なお小笠原長生が開戦前の一九〇二（明治三五）年、最初の著『日本帝国海上権力史講義』で献辞を捧げたのが伊東であり、多くの東郷賛美本の後、東郷の死後に原点回帰したような最後の単著が一九四二（昭和一七）年の『元帥伊東祐亨』であった。後者は海軍史料からの引用が多いが、伊東の年譜中の日露戦役の条で件の五月一五日について初瀬の沈没は書くが、八島については一切触れていない。タブー遵守で東郷への義理も果たしているのである。

八島の沈没隠蔽が貫徹したのはメディアの貢献が大であった。新聞は宮古の沈没から三日目の五月一七日になってそれを報じた。東京朝日は第一面に艦影イラスト付きの目立つ扱いだ。初瀬・八島・吉野の沈没からは二日後のことで、これら三艦沈没の事実を隠した上での報道である。その三日後の二〇日になってやっと初瀬と吉野の沈没が報じられた。沈没日から数えると五日目。東京朝日は「初瀬吉野二艦喪失（黄海大濃霧）」という見出しで第三面掲載。翌日、両艦のイラスト艦影入りの続報が第一面に掲載されるが、見出しは「嗚呼吉野艦」

と、戦艦の初瀬からではなく、巡洋艦の吉野からとっている。

　重大事の発生をまず隠し、その核心部を抜き去った加工情報を時間を大きくズラせて発表し、メディアがそのまま伝える――基本型である。

　なおこの時代の見出しは三段、四段という段見出しはなく、すべて一段のいわゆるベタ見出しである。記事の価値付けは、まず何面に載るか（むろん一面が最もランクが高い）、どれだけ右上に近いか（一番右上がトップ記事）ということで判断できる。掲載三艦の中では最も被害が小さかった小艦の宮古が一番ランク上の報道だったということだ。八島については一切なし――。小笠原が開戦直後に新聞記者相手に行った講話「軍機と新聞紙」の第四項、「我が艦艇もしくわ御用船の損害情報は報道するなかれ」の指導が行き届いていたわけだ。

　日本海海戦が終わって四日後の一九〇五（明治三八）年六月一日の各紙に、開戦以来沈没した帝国艦艇で未発表のものとして六艦艇の名が載った。八島の名もあり、こう付記する。「右明治三十七年五月十五日旅順口封鎖に従事中敵の機械水雷に触れ終に沈没す」、これが全文。東京朝日紙面の場合、二行である。他の艦艇についても同様の扱いで、三～六百トンクラスの駆逐艦・砲艦が主である。八島についていずれ発表はしなければならない。その際、ワン・オブの形で印象を弱めるために、八島以後に沈没した小艦がとっておかれたのだ。一年と半月経っていた。管見の限り八島沈没についての正式発表はこれだけである。完璧に歴史の闇に埋没された、初瀬以下三艦計八五〇近くの犠牲者のこととともに。

この隠蔽工作は、その後の歴史に大きな意味をもったとわたしは考えている。海軍内に隠蔽体質が根深く浸透して行っただけでなく、国家内の巨大機構であるその組織の体質は自ずと他組織、とりわけ他の国家機関にも影響を与え、DNA化していっただろうということだ。重要なことはそれがメディアとの共犯関係で行われたことである。ちなみに、二〇〇七（平成一九）年刊、原田敬一著『日清・日露戦争』（岩波新書）は、海軍は（陸戦で最多の血が流された奉天会戦の三月一〇日を陸軍が陸軍記念日としたように）、「五月二七日（注＝一九〇五年）の日本海海戦も、最も多くの犠牲者（注＝一一〇余名）が出た日だった」ので、「血と共に記憶の残る日を、それぞれの軍隊と国家永遠の記念日として採用した」（二三三頁）と書く。先述の通り海戦で最多の犠牲者が出たのは一九〇四（明治三七）年五月一五日で、内訳は初瀬四九五人、吉野三一七人、計八一二人だった。前日には宮古の二四人もいた。戦報（五月二〇日各紙掲載）自らが「本日（一五日）は海軍に在りて最大不幸の日……」と認めていたのだ。八島隠蔽のなかでこれらも歴史の闇に消えていく。成果は現代にも受け継がれているということである。

水野の『此一戦』での書き方だが、明かすに明かせないタブーであるものの、そのままでは引き下がらないのがさすがである。こう書く。「バルチック艦隊の東航において……日本艦隊は完全にして欠くる所なかりしと雖も、その後少なくも戦艦一隻（或は二隻か）を喪失したるが故に、ロ提督麾下の戦艦七隻に対し、今や僅に四隻の戦艦を有するに過ぎず」と。気骨の「或は二隻か」である。が、すぐ後でこう補正する。「露国は実に戦艦八隻を有するに対し、日本は五隻なるが故に戦艦の数に於ては露国大に優勢なり」。五隻、である。わざと曖昧な表現で本当のことを言った後、追及回避のための建前記述をしているのだ。紙面に埋没した二行の発表こそあったが、八島タブーは生き続けたのである。

4　正念場だった「独断専行」

ハイライトである「敵前回頭」後の争点が第二戦隊の「独断専行」問題だ。この重要事に水野廣徳の筆も冴えない。事態を説明すると――その日午後二時八分（一九〇五年五月一五日）、両艦隊がほぼ東向きの併走状態に入って砲戦が始まった。日本側は正確で、ロシア艦船は次々火焔をあげ出したとされる。全体的にそういえるのは確かだが（秋山の三〇分決着説が生ずるところ）、日本側もかなり被弾し犠牲者を出していた。三時近く、旗艦スワロフが左折したと判断した三笠の東郷は、艦隊に一斉九〇度左折（北向き）の命令を出す。マスト上の旗信号で、まず第一戦隊の六艦が一斉に直角左折し（『極秘戦史』中の航跡図では二時五八分）、全艦北向き横一列となる。

第二戦隊が命令に従い同じ運動をしようとする。だが第二戦隊の先頭艦・出雲の司令部は、スワロフが舵に被弾し北向き列外に漂流状態になったにすぎず、ロシア艦隊主力は直進を継続中と判断した。出雲の司令部内では、そうであっても東郷司令長官命令に従うべきだという論が生じていたが、上村彦之丞（第二艦隊司令官）は直進を命じた。「独断専行」の始まりである（第二艦隊参謀・佐藤鉄太郎の『大日本海戦史談』）。

相対的に弱小な第二戦隊が右舵を切りつつロシア主力の頭を押さえる形（球技の基本形）で肉薄していく。他方、第一戦隊はもう一度一斉九〇度左折を行い、通常は殿艦である日進が先頭艦になり、三笠が殿艦となって西北方向に進んでいく。ロシア主力と第二戦隊は東南方向である。つまり、第一戦隊は主戦場と正反対方向、敵なき空間へ突き進んでいったわけだ。図体のでかい艦隊だから、もとに戻るには長大な軌道を描くことになる。『坂の上の雲』

で司馬はここはじつに正確に、「東郷の艦隊ダンス」と表現した。もしも第二戦隊も第一戦隊にそのまま追随していたら、双方サヨーナラ状態となり、ロシア艦のかなりがウラジオ入りした可能性があったとわたしは考えている。まさに正念場であった。

詳細は前著（『日本海海戦とメディア』）に委ねるが、『極秘戦史』の記述に問題があるのにわたしは気づいた。同戦史の第二戦隊の叙述には矛盾がない、基本的に経過通り書いているからだろう。ところが第一戦隊の叙述は根本的な矛盾がある。主戦場から遥か離れているのに「肉薄攻撃」をしている。確かに攻撃は可能だった、すでに火だるま状態のスワロフに対してなら――。航跡図からは午後三時二〇分ころ、スワロフを南三〇〇〇メートルに見て西北西に進んでいるのがわかる。スワロフはのろのろにしろ北向き航だから、丁字の位置関係ではある。絵に描いたようなそれ⁉　まさか、瀕死の単艦に対する肉薄攻撃もないだろう、おかしいなと思いつつ『極秘・公刊』両史の精読比較をして――わかった。主力に肉薄する第二戦隊の行動叙述を、第一戦隊のそれに織り込んでいるのだ。改竄・偽造である。

戦闘の航跡図も、疑問を感じるところがないではないが、叙述に比べればずっと客観的である。このとき第一戦隊がロシア主力に肉薄攻撃できる位置にいなかったことが明白にわかる。隠蔽・改竄で別のイメージを形成する、あの八島のディシプリンが生きたわけだ。第二戦隊の行動は揶揄的に「独断専行」と表現されることになる。戦況に即しての応変の動きは戦策で認められているから、むろん違反行動ではない。逆に臨機応変の対応であった。その揶揄ニュアンスのなかに、的確な行動を軽く評価しようとする政治的意図が秘められている。

第一戦隊（聯合艦隊司令部でもある）は、戦策論議、北方転位問題に加えて、本戦でも危うい指示を出し、また第二戦隊に救われた。それゆえ例によって、第二戦隊の功は「戦闘報告」・戦史（『極秘・公刊』両史）では曖昧に記述され、正史からは排除されてしまった。ただ、揶揄的にしろ「独断専行」という言葉が一定範囲ででも流布したということは、他の二つの隠蔽事項に比べると比較的早くから洩れていたということである。第二艦隊参謀の佐藤鉄太郎の〝奮励努力〟もあったのだろう。『坂の上の雲』も「独断専行」の条は「東郷も失敗するときがきた」で始め、よく書いている。艦隊ダンスという表現が出てくる所以である。

ともかくも、正確にロシア艦隊と遭遇した。が、誤認から早々と泣き別れ状態になる命令を出してしまった。だから、その危機を救ってくれた者への称賛――などという発想はまったくなかった。逆に判断ミスをできるだけ曖昧化し、というより、重大なことなどなかった、という方にもっていった。これが最高司令部、つまるところ東郷が考えたことだ。「独断専行」という言葉は、そういうものとして生み出された。「独断専行」のおかげで第二のすれ違い危機が回避され、夕刻からの水雷艇攻撃が可能になった。そして、翌日の掃討作戦が成立した。二日間わたる総員の奮闘で決着がついたのだ。正しき者の肩身が狭くなった。日露海戦史とは、第一戦隊史観から偽造されたものである。第二艦隊の藤井較一は死を前に思いを語ったのだろう（昭和六年に松村龍雄により雑誌掲載）。同艦隊からの発言をひそかに続けた佐藤鉄太郎は奇人視されるようになる。その佐藤もスワロフ漂流について第一艦隊の「誤認」という言葉は避けた。『坂の上の雲』の「死闘」編で描かれている晩年の佐藤の挿話が興味深い。

昭和十年代に、当時新潮社の社員だった八幡良一氏が、隠棲中の佐藤鉄太郎に会ったとき、たまたまこの「誤認」の話が出た。八幡氏がおどろいて、そのことをなにかに書いてよろしゅうございますか、ときくと、佐藤ははげしく手をふって、「それはいけない。どうしても書きたければ僕が死んで（注＝昭和一七年没）からにしてくれ」と、いったという。このくだりは、筆者（司馬）が八幡氏から聴いた。

すでに結構語ってもいる佐藤だから、パフォーマンス臭も漂う。少し前の藤井発言の例も当然知っていたはずだ。それとも藤井発言が何らかの波紋を呼んでいたのか。いずれにしろ功多き故に第二戦隊は微妙な立場になった。

ともにジャーナリストであるデニスとペギー・ウォーナー夫妻の『日露戦争全史』（時事通信社、一九七八年）は、「上村の戦術は輝かしい成功を収めた……この海戦の真の英雄と考えた者もあった」（五八二頁）と書く一方、「一九〇五年一一月に日本海軍の昇任名簿が発表されたとき、名簿の第二段目の末尾に記されていた上村の提督の横には閑職配置の「…付」と記載されていた」（五九四頁）と書いた。実情はやや微妙なところがあるが、そういうものとして受け取られるベースはあった。

「独断専行」では『此一戦』での水野の叙述も危険水域に踏み込んでいない。こう書く。「敵（主力）は第一戦隊が左折（北向き）運動するのを見て、北方に逃れるのが困難と判断し、その決心を翻して再び右方向に回頭し……」。つまり、第一戦隊が前方を塞ぐ形になったので、ロシア主力は右に舵を切った、と第一戦隊の左折を英断として書く。状況は、まずスワロフが方向制御能力を失って列外に漂い出たのであり、順序を逆転させている。

そして、「是に於て我が第二戦隊も（ロシア主力と同様）亦回頭を見合わし其の儘直進して敵と並航し、第一戦隊と共に約三千米突（メートル）の近距離より敵列に対して猛烈な十字砲火を……」。傍線部はまったく矛盾している。第一戦隊はこのとき、しあさってのところでのダンス準備中であり、第二戦隊と「共に」砲撃するなど幻想に過ぎない。三〇〇〇メートルは漂流スワロフを左方に見て〝丁字戦法〟を形成した時の距離としては合っている。

水野作品を離れて戦史（『極秘・公刊』両史）に戻る。独断専行中の第二戦隊のロシア主力との距離は航跡図から平均四・五キロ。戦艦隊に対する装甲巡洋艦隊の距離としては危険領域である。が、常に先行して相手の前方を塞ぐ位置にあった。敵先頭を掣肘するという狭義の丁字戦法といえるかもしれない。この意味でなら第二戦隊こそ丁字戦法の果敢な遂行者であった。ロシア主力は右に右に舵を切っていき、つまり東南、南、西、そして北と（西は戦場からの逃走になるという判断があったのだろう）結局、南北五キロほどの楕円運動を描く。かなりの急角度の右舵であり、ともかく窮状を脱したいという思いが読みとれる。

第二戦隊の直接の併走（同航戦）は航跡図からは三時から三時一〇分と案外短いが、ここで左折ターン（まず北東そして北西へ）して第一戦隊を追うことになる。右折ではロシア艦隊と衝突してしまう。このターンに一六分かかる。しかし、頭を押さえられた形の後続位置にあったロシア側からは、いぜん前方を押さえられた形であり、北東ターンはむしろウラジオ方面を塞がれたという心理を強めたと推察できる。そして円運動で一回転しほぼ最初の三時ちょうどの位置に戻ったのが三時四〇分ころ。ここから念願の北東に針路をとるが、四時過ぎ再び前方に見えてきたのが第二戦隊、第一戦隊の順の日本艦隊だ。

遠方で再回頭を済ませた第一戦隊が北東向き中央幹線原理で動いて来た。第一戦隊の立場から書かれている『公刊戦史』は、「午後三時二〇分頃から四時頃まで敵艦隊の動き詳《つまびら》かならず」と記す。しあさってのところでダンスしていたからだ。第二戦隊からすれば失礼な記述である。六月一五日「戦闘詳報」では、敵諸艦の炎上する煙と海上のガス（霧）が覆い敵影が見えなくなったので「一時射撃を中止せり」と書くが、なにより敵がいないところにいたから敵が見えなかったに過ぎない。

以下航跡図から読みとれること。第一戦隊の後を追った第二戦隊は、北東ターンして戻ってくる第一戦隊を見たのだろう、事前に北東ターンを済ませ第一戦隊の前の位置となる。ロシア艦隊はやや右舵の東向きになっていく。平均六・五キロの距離、ここからが戦史（『極秘・公刊』両史）のいう昼間第二次戦闘となる。『坂の上の雲』は「三笠以下がふたたび出現した。というのは、ロシア側にとって悪魔との邂逅のようなものであった」と書く。総論としてはそうだが、先頭を来たのは第二戦隊である。

ロシア艦隊は再び最初より大きな南北十数キロの楕円運動をする。五時過ぎ二度目の原点回帰をし、隊列をばらけつつ北西向き航路をとる（北東が塞がれているという判断があったのだろう）。双方夜間戦闘に入っていく。日本水雷艇隊の活躍のときである。何段構えなど関係なし。それぞれ必死の奮闘努力の総がかりである。迷ったら、北東軸の中央幹線占位だ。いずれにしても、あのとき第二戦隊が東郷命令に追随していたら、両国艦隊は東西に別れて去っていったのだ。「独断専行」は海戦の正念場であった。しかし「戦闘詳報」では、「第二戦隊も既に悉く第一戦隊の後方に列し」としか書かれていない。正史では、第二戦隊はいつも第一戦隊の後にくっついていたことになる――。

水野の先の記述は、戦史（『極秘・公刊』両史）における偽造叙述の核心部なのである。『極秘戦史』の方は第一戦隊と第二戦隊の記述の比較・精読で、改竄・偽造が浮上してきたのだが、『公刊戦史』のごちゃごちゃ記述では比較不可である。意図的にそう書いたのだろう。水野記述の前段もおかしい。ロシア艦隊が左折を断念して右方向に向かったのではなく、彼らは直進し続けていたのであり、第二戦隊が左側から肉薄してきたので右方向に舵を切ることになったのだ。「左折英断」を受けての叙述だからこうなってしまう。水野にしてこうであった。編集員であるだけに「正史」に従う叙述しかできなかったか。あるいは、一般編集員にもアンタッチャブルな領域であり、事実を知らされていなかったとも考えられる。

わたしは「独断専行」に関わる部分の戦史の叙述は、小笠原自身の筆と推測している。ただし、その種はすでに海戦直後の六月一五日各紙に掲載された「戦闘詳報」（むろん秋山筆）に見出すことができる。ここで秋山は「午後二時四五分前後で彼我主力の勝敗はすでについていた」と例の三〇分決着説をいち早く提示した後、「午後三時ころ、敵は急に北方に向きを変え我が後方を回って北走しようとしたので、第一戦隊は一八〇度の方向転換をして（通常殿《しんがり》の）日進を先頭に北西に向かい、第二戦隊もこれに続き再び敵を南方に激圧して猛射……」（傍線引用者）。繰り返すのも嫌だが、なんで「北西に」向かったものが「敵を南方に激圧」できるのか。秋山が原初の改竄をしているのだ。あからさまに矛盾した記述で。

小笠原が一歩進めることになる。驚くべきことに、ことは「丁字戦法」から「乙字戦法」への展開だったとさえ主張する。丁字・乙字戦法は秋山主導の一月九日戦策で書かれたことだ。後に小笠原がしゃあしゃあと言ったこと――敵前回頭が丁字戦法であり、その後、左折（北向き）した第一戦隊と、南に向かった第二戦隊（ここでは南行を認めている）とで挟み撃ちを形成した、つまり乙字戦法だ！（「明治三十七八年戦役時代・下」『東郷平八郎全集・第一巻』所収、四四九頁）。こうなると「誤認」どころか、天才的判断となる。

既述の一九〇五（明治三八）年六月三〇日、東京朝日掲載の「日本海海戦談（聯合艦隊参謀某氏）」でも、すでに部分的にこれを行っていた。ここでは「期せずして」（本書一四九頁）と偶然からのこととして書くが、後年は計画通りのこととなる。既成事実を強引に論に当てはめるこじつけである。これを称して居直り強盗の論という。秋山を立てるという思いもあったのかも知れない（もっとも小笠原にはもともと丁字戦法は中世水軍戦法に通じた自分の提起という思いがある）が、「参謀某氏」談のころの両者はまだ阿吽の呼吸の仲である。

水野廣徳の『此一戦』での描写だが、実情を知らされていなかったのか、知っていても禁断の領域だったのか、彼にしてなす術なしの感がある。上記の「独断専行」を抹消する「第一戦隊と共に」（本書一九九頁）の叙述となった。しかし、彼のリアリズムの視線はことの本質を逃さない。勝利の最も大なる要因は、「此の日の風である、此の日の波である」としてこう分析する。（現代文訳）

軍艦の装甲というものは、艦の吃水線附近に施されるもので、水線より上に行くに従って薄くなり、逆に水線以下二、三フィート（六〇～九〇センチ）以下は全く装甲していない。水線以下は海水が防御してくれるからだ。水線上の薄い装甲を敵弾が貫通しても、

（位置が高いから）波浪が侵入する恐れはなく沈没することはない。これに反して波浪狂暴な海面では、艦の浮き沈みの動揺と、波の高低とのため、瞬間的に水面上に露出した吃水線下の部分を敵弾が直撃し、艦底が破壊されることがある。あるいは水線上の数尺のところに受けた弾孔から、艦が波間に沈んだとき崩れおちてくる波頭のため、海水が侵入することがある。一たび艦内に侵入した水は、ますます艦の傾斜と動揺とを大きくして、ついに沈没に至らしめる。

風と波が「天佑」だったとも書くのだが、その語のこと挙げは既に世にはびこる秋山筆の「天佑神助」説への配慮と思える。一方で「天佑と神助とに帰して顧みざるは、国民として余に無責任であると信ずる」とまで書く。冷めたリアリズムがある。水野作品には七段構えや丁字戦法も表れない。主観的に秋山真之に入れ込んだ水野だが、そして意識はまだ軍国主義の軍人だったとはいえ、その透徹した視線はずっと先の地点に至っている。ただ水野は東郷への好意をもっていた。人間関係の妙である。「自伝」にこういうことが書かれている。開戦前年の一九〇三（明治三六）年秋、砲艦「鳥海」（六三〇トン）の航海長として参加した天長節の軍記念パーティでのこと。

……宴会場が開かれた。食堂は艦長以上の一等室と、上長官二等室と、僕等ペイペイ連の三等室に分かたれて居た。僕はつかつかと一等室に侵入し、最上席に着ける東郷長官の前に進んで、

「長官、御杯を頂戴します」

東郷さんはニコニコしながら何とも言わずに杯を呉た。僕はこのときから東郷さんが好きになった。僕は更に上村長官の前へ行って、

「長官、御杯を頂戴します」

上村さんはギロリと僕を睨め付けながら薩摩訛りで、

「御前達の来るところじゃない。あっちへ行け」

と叱り付けた。まだ酔いの覚めぬ僕は、

「なんじゃ、上村彦之丞の馬鹿野郎め」

と怒鳴った。談笑で賑って居た席は忽ち水を打ったようにシーンとした。

……その後間もなく僕は懲罰の代りに、「鳥海」航海長から第十水雷艇隊艇長に転補せられたが、あんな乱暴者は水雷艇にでも乗せて、旅順口の鱶の餌にでもしてやれという

のだろう（『反骨の軍人・水野広徳』二九一、二頁）。

水野を追いつめて行ったのは明らかに東郷体制であったし、戦役後に第二艦隊・上村系を閉め出していったのも同根であった。上村はダンマリ東郷とは違い人間的エピソードの多い人である。無礼と思ったから無礼だと一喝した。それが気にくわないから水野も言い返した。上村はすぐそんなことは忘れている。二人はむしろ同類項なのである。

東郷はものごとをいったんのみこんで、即断しない。一見鷹揚で寛大に見えるが、大勢が決したところでは冷徹に断を下す。ニッコリ笑って後から袈裟斬りの感さえある。その後、自分がしたことではないような韜晦もする。水野の水雷艇行きは東郷人事に違いないのである。もっと厳しい状況下で同様の目にあった者が何人もいたはずだ。若い水野は二人の長官に接する位置にいたわけでなく、その辺の機微まで読めなかったのではないか。

『此一戦』では「独断専行」時の第二戦隊（第二艦隊）の動きについては全く触れていない。制約下にあったとはいえ、木で鼻をくくったような正史叙述である。やはりこの段階では上村へのわだかまりがまだあったのか。ただ、「自伝」には第一次大戦後のドイツで見た元帥ヒンデンブルクへの国民的人気を、「殺伐悲惨なる戦争の生みたる幸運児たることに於いて、日本の東郷大将と東西好一対である」と書く。ここには東郷への皮肉が含まれているのかも知れない。

最高権力者が不都合と感じたことを隠蔽・改竄する。その意を受けることが忠誠度の踏み絵となる。奥の院に姿を消すことで威信を増す。雲の上人なので責任は問われない。責任の所在を曖昧化するカラクリの根源である。神ともなれば、実際には生臭いことをしていても自縄自縛の周囲は問えない。仲介役の忠臣、正確にはゴマスリ忠臣が現れるものである。組織の私欲のために、国家・社会・民族さえ口実に使われる。ほんとうのことを知る者は危うくなる。

巨大な官（海軍）から、そして大・小を問わず官・民へ、各レベルでこういう組織風土が蔓延し、程度の差こそあれ体質化した。長い歴史因子があるとはいえ、近代に大きく症状を昂進させたのが、一見近代風のこの組織だったと思う。ことが回転しているとき——上が無責任したがって無能でも一線を担う層が勤勉でそれを可能にする——はともかく、急事の際に病理が吹き出す。

ふとこういう妄想にかられる。あの海戦があの通りで進んだとして、そのとき三笠の艦橋にいたのが、勝海舟（一八二三〜九九）だったら……。戦後、彼はあっけらかんといったではないか。「あの時はしくじっちまったよ。上村どんが独断専行してくれなんだら、えれーことになってたさ」。——それだけでも、この国の近現代はずっと風通しのいいものになっていたのではないか、と。歴史における個人の役割は小さくないのである。

国家の中枢を占める巨大組織（直接にはヒエラルヒーの上層部におけることにしても）のモラルハザードの影響は大きかった。それを内在化した形で国家機構を形成してしまったのではないか。いまも跡を絶たない隠蔽・改竄事件を見るにつけ、感じざるを得ない。大相撲の八百長にしてもその〝文化〟の一バージョンである。結末は常に曖昧。取り込まれたメディアは追及し切れない。トカゲのシッポ切りで終わる。だからシワ寄せは下に行く。勤勉で遠慮がちな人々に不当なツケが配分される。あるいは特定の人が自己犠牲を払うこともある。非道徳はそのことを読み込んでなされている節さえある。

日本海海戦を描いた名作といわれ一二〇版を重ねたという『此一戦』だが、昭和になると世を席巻したのは明らかに小笠原史談であった。気骨のリベラリスト、水野廣徳にはきつい時代となる。

第七章　『坂の上の雲』への道

1　島田謹二の秋山発見

秋山真之《さねゆき》という軍関係者の一部にしか知られていなかった存在を、現代に引き出したのが比較文学者の島田謹二（一九〇一〜九三）である。島田が台北帝国大学文政学部の講師をしていた一九三七（昭和一二）年、「『提督秋山真之』のこと」という書評を台湾の雑誌に発表したのが「秋山に対する関心が活字となって表れた最初の痕跡」（小堀桂一郎による島田謹二著『アメリカにおける秋山真之』巻末解説）であった。『提督秋山真之』は一九三四（昭和九）年に岩波書店から刊行された。それは前年、松山スクールの櫻井真清らによって刊行されていた『秋山真之』をほぼそのまま再刊行したものであることは書いた（本書一七四頁）。島田にとって秋山は明治以降を代表する日本男児として生涯のテーマとなる。ちなみに女性では後述の明星派歌人・石上露子《いそのかみつゆこ》（一八八二〜一九五九）であり、その着目も同じく台湾時代のことであった。島田には境界《ボーダー》からの視座というべきものがあり、やがて水野廣徳への注目ともなったのだと思う。

戦後、東京大学で教鞭をとった島田は一九五九（昭和三四）年、「明治ナショナリズムの文学」（『講座近代思想史9　日本における西洋近代思想の受容』所収）と題した論文で、秋山の書簡を通じて明治青年の思想史的分析を行う。小堀は前掲解説で「氏が秋山真之という人物と正面きって対決」し出したのはこのころと書く。

ところが、秋山研究は一見中断されることになる。たまたま東大総合図書館で「広瀬武夫蔵書」を手にしたことから広瀬史料の「宝の山」に導かれ、軍神の人間像への研究に踏み込んでいく。ロシアが欧米先進諸国のなかではボーダーに位置することも一つの動機であったかも知れない。一九六一（昭和三六）年刊の『ロシヤにおける広瀬武夫』（弘文堂）となる。神ではない、ロシア人女性に純愛を捧げる一青年が描かれた。

わたしが「一見中断」と書いたのは、この作品は秋山を書くための前奏曲というべき位置を占めると考えるからだ。広瀬は島田の明治精神史研究に適うテーマであったことはもちろんだが、その宝の山を前に、この超有名人を通じて無名の秋山を押し出す——有り体にいえば売り出すことを考えたのではないか。現実問題として一般に無名の人物を対象に商業ベースで本を出すのは易いことではない。広瀬と秋山は海軍兵学校時代、同室の下宿暮らしをした仲である。いくつかの挿話も伝わり、さりげなく秋山をアピールできるのだ。本命はあくまで秋山なのである。あるいは小堀解説のように間奏曲の方が妥当かも知れない。

もとより、だからといって手を抜くということでは全くなく、驚くべき執念の調べは徹底している。それが結果的に石上露子に至る時間をなくしてしまった理由でもあるのだろう。ともかく、『ロシヤにおける広瀬武夫』で秋山の登場自体は多くないが、ここというポイントでその俊英ぶりが描かれる。さりげない表現において印象は深し、という読みは当然ある。

まず本（『ロシヤにおける広瀬武夫』）の冒頭部で、一八九七（明治三〇）年における広瀬ら海軍留学生五人の行き先五カ国（露・英・仏・独・米）の紹介で、アメリカ行きの秋山を「伊豫松山の秋山は、一八九〇年組の首席。前後にまれな俊才である」（朝日選書版・上巻三一頁）と書く。また一九〇〇（明治三三）年春、それぞれの留学地からの出張でフランスを連れだって旅した二人に、マルセイユのあるレストランでブイヤベースを食べながら、こういう会話をさせている（二人はこの前、欧州で建造中の注文艦の視察に来た上村彦之丞一行についてリヴァプールやポーツマス軍港などを見学していた）。

――ときにこんど見学した「朝日」（注＝一五四〇〇トン、英グランドバンク造船所）から考えても、日本海軍はずいぶんえらくなったものだ。とにかく軍艦は大きいのが出来た。

あれらを自在に駆使して戦える日本独自の「戦術家」というのはいるのかな。

広瀬はふと不安げなひとりごとを、つぶやいた。

——おい、おい、失礼なことを言うな。貴様の前にいるお方の前でよ。

——これは失礼しました。そうだったな。（笑）いよいよロシヤと戦うときには、その大戦術家は、どうなさる。拝聴したいものですな。

——どうせロシヤは東洋に全力を集められんよ。バルチック海があるから、いつでも勢力は二分せざるを得ぬ。そこがつけねらいどころだ。東洋にあつめたやつが、こっちよりつよくならぬうちに、こちらからしゃにむに仕かけて、そいつをみんなたたいてしまう。大きな声ではいえないが、こんどエスパニヤとの戦争で、アメリカがつかった手を大規模にやれば（注＝秋山は二年前の米西戦争における米海軍のキューバ、サンティアーゴ・デ・クーバ港封鎖作戦を観戦武官として米艦上から実見した。そのレポートが海軍幹部をうならせ大抜擢となった。海軍の内部報告書であり、島田が『アメリカにおける秋山真之』で初めてその文章を紹介した）、まあ袋のネズミだろう。こっちは無傷で、相手をすっかり押えてしまう。

——もしバルチックから後詰がきた場合にはどうなさる。

——後詰はそんなにこわくはないよ。一挙に絶滅させるというわけにはいかんだろうが、二、三回にわけて、手を切り、足を殺《そ》ぎ、首を取る。——そういう戦策をたてれば、なんでもないさ。どっちにしても日本は負けぬ。こまかい案はわしの腹にあるから、わしにまかせとけ。

（中略）秋山の兵法や戦術談を聞いていると、広瀬は、いままで存在していなかった自主的な日本海軍の頭脳が生まれて、実際いま目の前に現存していることを直感した。こんな感動は、これまでだれに会っても覚えなかったものである。（中略）

これから五年目の広瀬の誕生日（注＝一九〇四年五月二七日）に、広瀬はもうこの世にいなかった。しかしその日に、ここで語られた秋山の言葉通りの戦策で、秋山に指導された日本艦隊は、遠来のロシヤ艦隊を沖の島附近に迎え撃って、海戦史上かつてみない完全な勝利をおさめた。それから五月二十七日はながいこと日本海軍の記念日になった。不思議な因縁というべきだろう。

（『ロシアにおける広瀬武夫』二三〇頁）

島田は克明に史料・出典を明記する人だが（学者の研究書として当然としても）、この会話は資料読み込みから生じた島田の文学的イメージで構成されたものだろう。「エスパニヤとの戦争で、アメリカがつかった手を大規模に」は、旅順口封鎖作戦（失敗とはいえ）を意味し、「二、三回にわけて」には七段構えの影がある。俊才・秋山の頭には何年も前から織り込み済みの作戦だったとして語られているのであり、読み手にこれはいかなる人物かもっと知りたいと思わせる巧みな筆法なのだ。電流に撃たれたように感応した大物がいた、と思う。司馬遼太郎である。

島田作品にあらわれるこういう直接話法の会話や人物の心理描写まで入っていく手法は、研究書としての領域を超えて、ほとんど小説である。これを門下の芳賀徹は、「著者独特の話法の熱風圏のなかでひたすら広瀬という男の歩みを追っている自分に気がつく。……ふと、なにか当惑か疑いめいたものが頭をかすめるとしたら、それは、いったい学者の本がこんなに、司馬遼太郎の小説のように面白くていいのだろうか、ということぐらいである。……これはむしろ、奔放な空想のおもむくままに舞文曲筆した小説の一種なのであろうか」（朝日選書版『ロシヤにおける広瀬武夫・下巻』巻末解説）と評する。

芳賀は逆接表現をしているようであるが、ともかく、これこそ島田作品の面白さであり魅力に違いない。本命作の『アメリカにおける秋山真之』が出たのは一九六九（昭和四四）年七月であり、司馬の『坂の上の雲』は前年四月からサンケイ新聞で始まっていた。

島田晩年の門下で、石上露子研究を託されたのが評論家の松本和男（一九三〇〜）である。松本は著書『評伝・石上露子』（中央公論新社、二〇〇〇年）のプロローグのなかで、『坂の上の雲』（新聞連載は一九六八〜七二年）には「種本がある」として、『ロシヤにおける広瀬武夫』（一九六一年）、『アメリカにおける秋山真之』（一九六九年）、『ロシヤ戦争前夜の秋山真之』（一九九〇年）の島田三部作をあげる。「この三部作の完成に実に三〇年の歳月を費やしております。先生、六〇歳から八九歳までのお仕事です」と書く。三作目は司馬連載が終わった後だから種本から外していいだろう。

『アメリカにおける秋山真之』は、連載の後半、とくにハイライトとなる日本海海戦の執筆に参照し得る文献であった。松本著は続けて、「私は島田先生に「これまで苦心して調べたことをご自分で発表する前に司馬さんに教えてしまうなんて、勿体ないじゃないですか」と申し上げたら、「いいんですよ、司馬君が大衆小説で広瀬や秋山のことを書いてくれれば、前宣伝になって、少しは僕の本の売行きもよくなるでしょう」と仰言っておられました」と。

司馬自身による島田評は、全集第六八巻の『ある運命について』中の「遠い世からの手紙」の第一章にあたる「「文学」としての登場」に見られる。一九八三（昭和五八）年、講談社刊の『広瀬武夫全集』上巻に寄せた文を収録したものだ。ここで司馬は『ロシヤにおける広瀬武夫』の広瀬がペテルブルグ到着直後、先任の八代六郎（戦役時「浅間」艦長、後の海軍大臣）と機転のきいた詩的会話をする場面を軸に、島田の史料発掘能力と広瀬に詩人を見たことへの讃という形で島田への言及を行う。

「広瀬武夫については、私どもは多くを島田謹二教授に負わねばならない」とした上で、島田の比較文学への貢献ということに収斂していく。曰く「日本での比較文学という学問の分野は、戦後、島田教授によって興されている」「草創期の日本の比較文学が、明治期での出色の書簡文学の書き手ともいうべき広瀬武夫のロシアにおける詩文の行跡が主題となって基礎をすえられたことは、文学研究史上の大きなできごとであったといっていい」などなど。それはそうなのだと思う。ただ、『ロシヤにおける広瀬武夫』の通奏低音をなす秋山真之への言及はない。

反対に島田の司馬評は文庫本『坂の上の雲』八巻の巻末「解説」として掲載されている。末尾の締めで、「国民文学の大海に、白々と光る澪《みお》をひきながら、つづいていった。……日本人一般の各層にひろく、ふかく、ながく読まれ、聴かれ、味わわれる大作を、司馬遼太郎は、海にとりかこまれたこの国土に暮すわが民族のために残してくれた。何という偉業だろう」と絶賛する。ただ、「将器と謀才とを何人かの将士の中に識別する時、わかりやすく善玉と悪玉とに説きわけすぎた点がありはしなかったか。広い意味の小説だから、無理はないと思うが、それにしてもそこに多少のひっかかりを感じとる読者がいないわけでもなかろう」と批判点も書く。文学の本質的な問題である。

司馬が島田へ礼節を尽くしたことは松本も書いている。「一九九〇（平成二年）年五月二八日午後五時から東京神田の学士会館で島田先生の『ロシヤ戦争前夜の秋山真之――明治期日本人の一肖像』の出版記念会が盛大に行われました。大阪からも司馬遼太郎ご夫妻、万葉学者の犬養孝さんなどが出席されました。司馬さんは発起人にもなっています。司馬さんはそれまでも島田先生のお祝いの会などがあると、よく大阪から駆けつけ、われわれの三倍くらいの会費を払って祝辞も述べられました」と。この記念出版会の二次会は出席者もぐっと減って六〇人くらい、くつろいだ懇親会となりそこでの話題がもっぱら石上露子であったという。

島田は一九六一（昭和三六）年に弘文堂から出した『ロシヤにおける広瀬武夫』を、七〇（昭和四五）年に朝日新聞社から再刊、七六（昭和五一）年には朝日選書の上・下巻で再々刊するが、朝日各版の巻頭題字に掲げたのが次の露子作だった。島田自身は「序」でも本文中でもこの歌人について一切触れていない。やや唐突感のある提示である。

海こえてこゆきちりくる夕べなど
　こひしさの身に湧きまさるかな
　　　　　　　　――石上《いそのかみ》露子《つゆこ》――

2　「明治第一級の女性」石上露子

石上露子についてやや詳しく触れておきたい。島田謹二におけるロマン感情が比較的わかりやすく、島田によってインスパイアされた現代の秋山像理解にも資するところがあると考えるからだ。「白菊」にふさわしい美貌の明星派歌人である。ただし、『明星』掲載作品も決して多かったわけではなく、与謝野晶子・山川登美子・増田雅子のような誌上の著名人でもなかった。誌上での作品論評で高く評価されることはあったが、ほどなく、生涯唯一の詩編を発表して誌上から消えた。新詩社の社中でもほとんど実像を知られることなく、深窓に消えた美貌の女流歌人として伝説化する。唯一の詩、「小板橋」の力でもあった。

小板橋　　　　ゆふちどり

ゆきずりのわが小板橋
しらしらとひと枝のうばら
いづこより流れか寄りし。
君まつと踏みし夕べに
いひしらず沁みて匂ひき

今はとて思ひ痛みて
君が名も夢も捨てむと
なげきつつ夕わたれば、
あ、うばら、あともとどめず、
小板橋ひとりゆらめく。

（『明星』明治四〇年一二月号）

以下、主に松本著（『評伝・石上露子』）による。一八八二（明治一五）年、南河内・富田林の戦国末以来続く旧家、杉山團郎の長女として生まれた。本名はタカ、石上露子を主なペンネームに使った。大阪府下トップの六〇町歩（一町歩は約三〇〇〇坪）をもつ大地主の跡取り娘で、そのことが運命を決めた。一二歳のとき生母ナミが不可解な理由で離縁され、心の傷を負う。継母エイが来るなど旧家の複雑な人間関係のなかで鬱屈が深まる。

一七歳の春（明治三一年）、女性家庭教師に連れられた東北旅行の帰途、東京麴町区紀尾井町の家庭教師の遠縁にあたる長田清蔵宅に逗留。長田は元旗本で海軍兵学校教授であった。同家長男、三歳上の高等商業学校（現・一橋大）生の正平と相識る。永遠なる恋の始まりである。清蔵も正平の母を離縁し後妻を入れた人であり、深く相寄る魂となったようだ。翌々年にかけて相互に訪問するなど交流を深めるが、一九〇二（明治三五）年秋、正平は試験に落第、退学して神戸の商社・田村商会に入社する。跡取り娘と長男は法律的に結婚できなかった時代である。

この前後からタカは「夕ちどり」あるいは「夕千鳥」名で『婦女新聞』などに美文あるい

は短編小説を寄せるようになり、他方、正平は明らかに杉山家への出入りを禁じられた。『明星』一九〇三（明治三六）年一〇月号に繊細華麗ななかに深い愁いをたたえた露子の三首が初めて掲載された。

同じ一〇月、正平は田村商会バンクーバー支店に赴任のため横浜港を発つ。翌年二月に始まる日露戦争を前に対露間が緊迫化していたときである。ほどなく邦字新聞の記者となり、再び帰ることなく一九三〇（昭和五）年、五〇歳で死去、咽喉ガンであったらしい。生涯独身、古びた一葉の日本女性の写真が残されていたという。露子は父の勧める縁談を拒み続けるが、抗しきれず一九〇七（明治四〇）年末、奈良県の旧家から婿・荘平を迎える。当時としては遅い満二五歳、一二月一七日夜、自邸で挙式。正平との出会いから八年だった。同じ月の『明星』に載ったのが「小板橋」である。

翌月号（明治四一年一月）に載った五首を最後に『明星』での活動を終える。夫が文学活動を禁じた、つまり筆を折らされた。わたしは父・團郎の意向もあったのだと考えている。封建的な家制度の重圧であり、四つ年上、鳳（与謝野）晶子のような行動は現実に不可能な状況にあった。「怨」となる。五首のうち二首はこうだ。「たまゆらに八とせは過ぎぬあ、心常《とこ》世《よ》の君をしのび泣きつつ」「目も盲ひよ髪《し》も落ち散れ何ばかり少女《おとめ》に広き春の光ぞ」。このときの心境を晩年の自伝「落葉のくに」でこう書いた（松村緑編『石上露子集』中公文庫から）。


別れて六とせ七とせ、相見ぬ人の音ずれ。

一たび二たび三たび、はるかにもかき交わすかなしい文字のかずかずは、月をへ年を越えてその三たび目に遂に永遠の別れをつげて、静につめたい涙をも封じこめなむとする身。

むすばれむとしてむすばれざりし宿命。

おもへばあらがひの苦渋にみちたながい八とせ。

あらず、あらず、たゞたまゆらに過ぎた八とせの詩ごゝろ。いまはその詩筆も折り友もすて忘れえぬゆめをわすれて。

〇　　十二月十七日

しらぎぬの袂重う、襟裾長うひいて鏡のまへに。
さらば、
いとほしみ来し二十六年の生涯。
こよひ、とぢめのこのよそほひ、君はしりたまふや海のあなた。
さらば、

くろかみにほふ夢のからなるうつそ身。

従者は燭をとりていま廊にうづくまる。


つまり露子にとっての『明星』とは、かなわぬ恋の嘆きに始まり、その思いを封印する四年間であった。明星歌人として晶子や登美子のように著名ではなかった（「小板橋」も掲載時に話題になったわけではない）。そんな露子を大正期に発見したのが女流作家の長谷川時雨（一八七九〜一九四一）である。読売新聞の一九一三（大正二）年七月三日掲載の「明治美人伝・第九回」で冒頭に「小板橋」（一部に正確さを欠く引用）を掲げた後こう書いた。


かく歌ふて、それを琴にあはせ掻きならしつゝ、夢のやうに世をおくる人、それが石上露子である。

露子はすぐれし玉琴の名手である。そしてこの秀麗《うつく》しき女《ひと》は、うつくしき心をその歌に読み、心の響きを十六弦のいとにつたへ、河内の国の富田林に、廣き家をかまへ、心静かに想《おもひ》にふけつている。

かつて、雑誌「明星」には、すぐれたる五人の女詩人《じょしじん》があつた。晶子、とみ子、花子、

雅子と此露子とで、其うちの最も美しき女《ひと》と唄はれ、其歌の風情と、姿の趣をあはせて、白菊の花にたとへられてゐた。（中略）

河内野《かはちぬ》の富田林は、見渡すかぎり春は菜の花の咲きつゞくところ。ま東に信貴山、二上山聳え、はるかに金剛、葛城の頂き見えて、石川河には清い水が流れてゐる。白い磧《かはら》に月見艸《つきみくさ》折敷《おりし》き、曲をあんじ、歌を想ふ露子は「石川の夕千鳥」といふ名をこのんでもちひた。石川河は千鳥の名所である。

「夕千鳥《ゆふちどり》」は此磧《かはら》に近く庵室をむすんで、家人とはなれて読書三昧に暮してゐるときもある。その庵室よ、香を捻じ、書を読み、歌をつくる女《ひと》、いつの代か古き昔の物語の姫君などの住むとよりは思はれぬ、露子にふさはしいところであつた。露子は好んで鈍色《にびいろ》の衣を着てゐる。

「ゆきずりの我小板橋」とうたつたのは、其庵室の外の細流《せせらぎ》にかゝつてゐる。鈍色の衣《きぬ》を粧《よそほ》ふた女《ひと》は、板橋を渡つて、時折生駒山にのぼつてゆく。そして山中の白百合《しろゆり》のみ咲くところにゐて、一日回想にふけつてゐることがある。

石川の夕千鳥よ、石上《いそのかみ》の露子よ。其名はいかにも上代の河内の国の、菜の花の咲きつゞく、石川河のほとりに住む、女歌人にふさわしい名ではないか。美しい富田林の土地を包む、葛城、金剛、二上《ふたかみ》の山々の、朝《あした》に夕べにむすぶ秀麗《うつく》しき山の精が、此女《このひと》を生せたのであらう。其名をきくと、今の人とは思はれぬ懐しい響きがする。杉山孝子といふ本名は知らずもあれ、石上露子は忘れ得ぬ名である

富田林の真ん中を南から北に流れるのが石川である。その名の通り石ころの多い河原だが、かつては水量がもっとあったらしい。杉山邸（今は国指定重要文化財）は流れに沿う位置にある。長谷川時雨は明星時代の露子を訪ねたことがある箏曲家・鈴木鼓村（一八七五〜一九三一）から情報を得てイメージを膨らませた。生駒山など地理関係は不正確であるにしても、露子の生活ぶりはかなり正確に反映されている。庵室とは本宅から少し離れた、石川を直接見下ろす位置にあった恵日庵のこと。わずらわしい家族関係から逃れて文学に没頭するためのものに違いなく、父との間で、いずれ婿を迎えるという暗黙の了解のもとで建てられたと推定される。時日は明らかでないが（結婚後のことは確か）、出火し焼失した。時雨の記事が出たとき現実のタカは三一歳、翌々年には次男を得る。読売は当時は東京の新聞であった。

描かれたのが生身の姿と違うのは当然として（松本和男が克明にそれを明らかにした）、文学的イメージの形象化としてみごとなものであり、これ自体が一編の散文詩である。時雨は読

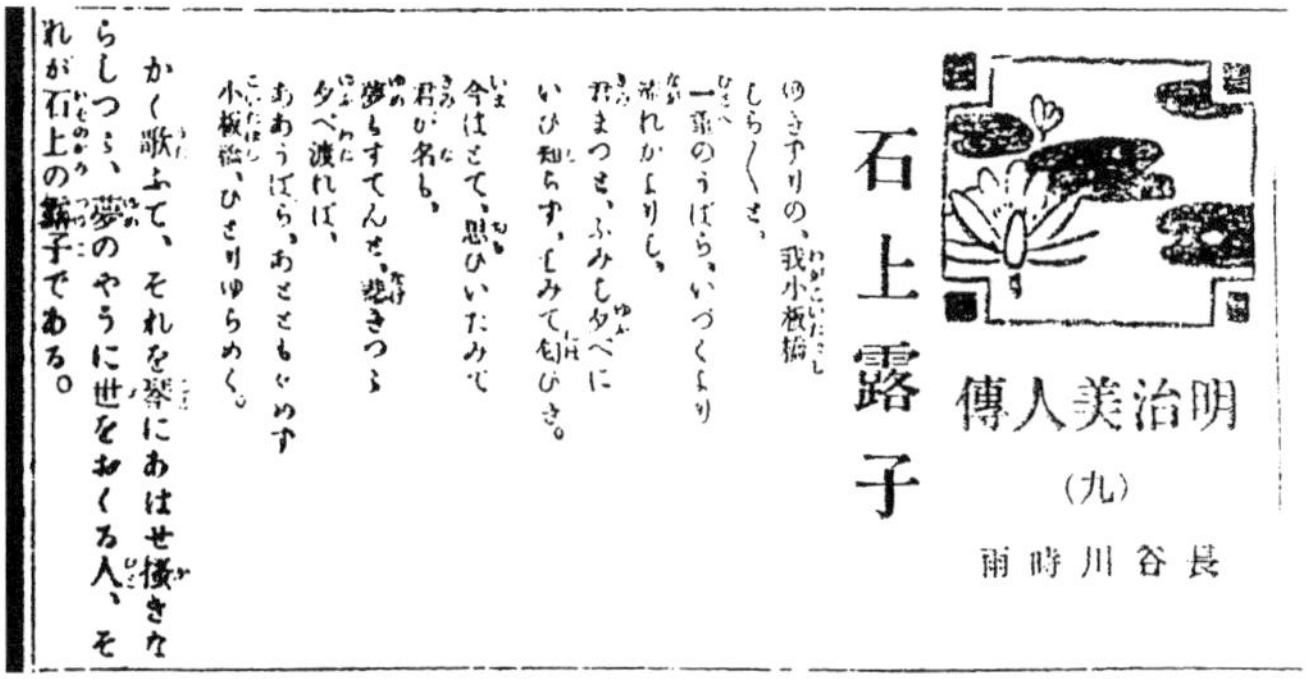

明治美人傳

（九）

長谷川時雨

石上露子

ゆきずりの、我小板橋《わがこいたばし》
しら〳〵と、
一重《ひとへ》のうばら、いづくより
流《なが》れかよりし、
君《きみ》まつと、ふみし夕《ゆふ》べに
いひ知《し》らず、しみて匂《にほ》ひき。
今《いま》はとて、思《おも》ひいたみて
君《きみ》が名《な》も、
夢《ゆめ》もすてんと、嘆《なげ》きつゝ
夕《ゆふ》べ渡《わた》れば、
あゝうばら、あとなもとめそ
小板橋《こいたばし》、ひとりゆらめく。

かく歌《うた》ふて、それを琴《こと》にあはせ掻《か》きならしつゝ、夢のやうに世をおくる人《ひと》、それが石上《いそのかみ》の露子である。

読売新聞に載った長谷川時雨の「石上露子」＝1913（大正2）年

売連載の「明治美人伝」を一九一八（大正七）年六月に『美人伝』として東京社から刊行した。露子は九条武子、筑紫の白蓮、田澤稲船《いなふね》、大塚楠緒子、富田屋八千代ら五二人の一人として登場。その三カ月後の九月、生田春月（一八九二〜一九三〇＝播磨灘で投身自殺）が『新らしき詩の作り方』（新潮社）を刊行し、七五調より深みのある五七調の優れた例として「小板橋」をあげ、こう書いた。

「この詩は近ごろ『美人伝』中に発見してから、私の愛唱しているものですが、いかにも女性の感情の溢れてゐるいゝ詩です」。春月は翌一九（大正八）年に出した編著『日本近代名詩集』（越山堂）のなかでも蒲原有明、与謝野寛・晶子、夏目漱石、窪田空穂、島崎藤村、石川啄木、萩原朔太郎、高村光太郎、北原白秋ら七二人の作品中のひとつとして露子の「小板橋」を収録した。巻末の作者小伝で「もと新詩社の同人たりし事の外、知るところなきも「小板橋」一篇は絶唱なれば特に収む」と記した。

長谷川著と生田編著を読んだ島田謹二は一九四二（昭和一七）年、台湾愛書会刊行の『愛書　第一五扁』に明星時代の作品に注釈を付した「石上露子集」を載せた。書評「『提督秋山真之』のこと」の五年後のこと。敗戦で引き上げ、一九四七（昭和二二）年、佐藤春夫・吉田精一との三人共著『近代抒情詩選　花さうび』（天明社）を出し、「小板橋」を収録した。鑑賞解説で島田は「明星に短詩、美文を掲げただけで、いまはその生死さだかではないほど、その名も滅んでしまつた。その作品は、王朝風な日本女性のあてにあえかな心情を歌ひ上げたもので、その美しさはあくまでも「女らしい」純日本風なものに終始してゐる」と。

後に松本が明らかにしたように農地改革下で没落大地主の杉山タカが奮闘していたときである。この島田ら三人共著の新刊本を買って雷に打たれたのが一七歳の松本自身だった。

戦後、まず本格的な露子研究に入ったのが松村緑（一九〇九〜七八、東京女子大教授）である。松村も少女時代から時雨や春月から露子を知り「小板橋」を愛誦していた。一九四八（昭和二三）年、露子が富田林に在住することを知り、文通を始める。松村の熱意に心を開きながらも、露子には韜晦の姿勢があったようだ。松村は一九五二（昭和二七）年七月、「石上露子実伝」を東京大学国語国文学会の紀要『国語と国文学』に発表した。不十分ながら露子の実像が初めて明らかにされた。翌年春を初めとして松村は毎年のように露子を訪ね、一九五九（昭和三四）年一一月末、明星時代の作品や「自伝　落葉のくに」を収めた『石上露子集』を中央公論社から刊行した。しかし、露子は一カ月前の一〇月八日、脳出血で急逝。満七七歳、生前自著をみることはなかった。

この間、吉田精一、佐藤春夫、伊藤整、堀口大學、吉屋信子それに歴史学者の家永三郎らが注目した。実像は不確かながら玄人筋の間では周知の存在となっていた。家永らは明星時代の露子が『平民新聞』を講読していたことや赤十字活動に関与していたことなど、単なるロマン詩人ではない、活動的進歩派としての人間像で捉えようとする。

日露戦争初年の一九〇四（明治三七）年七月号『明星』に掲載された「みいくさにこよひ誰《た》が死ぬわびしみと髪ふく風の行方見まもる」は、反戦詩としても近年評価の高い作品である（晶子の「君死にたまふこと勿れ」は二カ月後の九月号）。発表翌月の八月号の評欄において同人で弁護士の平出修（一八七八～一九一四、後に大逆事件を弁護）が、「夕ちどり君の作、何《いず》れも完璧……（とくに「みいくさに……」は）戦争を謡《うと》うて、斯《かく》の如く真摯《しんし》に斯の如く悽愴《せいそう》なるもの、他に其比を見ざる処、我はほこりかに世に示して文学の本旨なるものを説明してみたい」と絶賛した。

家制度の重圧下に呻吟した感性豊かな少女の、自由への希求が生んだヒューマニズムの精神とわたしは思う。この点では晶子と同様であり、当時の文学青年、とくに軟派系ではない人に見られたタイプである。リベラルな精神が社会主義（まだマルクス以前の初期社会主義、キリスト教系が主流の時代）に共感を示した例であり、彼ら彼女たちの、世の矛盾に対する若々しい真摯な姿勢を見て取ることができる。

露子は二歳下の竹久夢二（一八八四～一九三四）と交流があった。「自伝」に「夢二さんが書いてくださつた二本の女扇子は恋の詩と石川の月見ぐさ。私はこんなのよりいつもの平民新聞のさし絵のやうな胸をうつ」とある。いつのことかは記していない。夢二は一九〇九（明治四二）年一二月、処女刊行の『夢二画集・春の巻』が爆発的なヒットとなり、一躍時代の寵児となった。一コマさし絵で雑誌デビューしたのは四年前の一九〇五（明治三八）年六月のこと（露子は明治三六年一〇月の『明星』デビューだから文壇的には二年先輩となる）。平民社系の新聞・雑誌などを拠点に次第に売れていった。

デビュー直後の六月一八日、つまり日本海海戦から三週間ほど後（天祐と神助に因り……の「戦闘詳報」からは三日後）、平民社系の雑誌『直言』に描いたのが「勝利の悲哀」だ。赤十字マークをつけた白衣の骸骨と並んだ丸髷姿の若い女が泣いている。明らかに反戦のメッセージ。前年の晶子作・露子作に喚起されたところがあるのかも知れない。露子が扇子をもらったのは『春の巻』以後のことだろう。「小板橋」が一九〇七（明治四〇）年一二月だからすでに筆を折ったあとのこととなる。交流の実情はわからない。ただ、夢二作には海の向こうに去った人を思う後ろ姿の一連の女人像がある。

松村や島田に接しつつ露子の実像を究明したのが松本和男（『評伝・石上露子』）である。松村著（『石上露子集』）ではまだ明らかでなかった「意中の人」が長田正平であり、その出自や彼がカナダ・バンクーバーに渡り新聞記者になったこと、さらには彼の記者としての仕事も明らかにした（露子は松村には意中の人がフランスに行ったとほのめかしていた）。杉山家の家族・係累から経済事情まで、もともと経済評論家である強みを生かした分析である。全く不明だった結婚後の露子像が以下のように明らかにされた――。

善郎・好彦の二男児を得る。一九二〇（大正九）年、第一次世界大戦後のバブル景気がはじけて、六〇町余あった土地の四〇町を失う。夫が独断で株投機をしていたためだ。婿として才を示したかったらしい。彼は精神の変調を来す。露子は自ら経営に乗り出す。松本分析の真骨頂はここからである。一九三四（昭和九）年の杉山家の家督相続（荘平を廃嫡して善郎に）関係の書類から、土地は四四町余でかつての七割強まで回復していたことを突き止めた。露子自身が地主経営を切り盛りし、株でも大きな利益を上げていたのだ。「株の天才」といわれた長男・善郎の協力があった。金融をテコにした大地主経営者としての露子、いや杉山タカである。

それでも夫か息子がいる以上、女が戸主になれない時代であった。善郎は神戸商大（現・神戸大学）を経て京大法学部を出た人だが、一九四一（昭和一六）年、結核で三二歳で独身のまま没。次男・好彦が家督相続。東大経済学部に入学し、飛行機研究会（クラブ）に入った好彦は一九三九（昭和一四）年、朝日新聞社主催の学生航空大会で優勝して同紙で大きく報じられるような学生スター・パイロットだった。タカは好彦に甘く、潤沢な仕送りをし、外車のマイカーを乗り回すような生活を許し、七年かけての卒業となった。愛くるしい美青年。新たな芸能ジャンルとなった映画女優との交際もあるプレイ・ボーイだった。戦争中、陸軍航空本部付となり台湾への飛行の際、台北飛行場の着陸に失敗し頭を負傷した。

一九四五（昭和二〇）年春、荘平が不調のなか死去。敗戦後、農地改革で地主・杉山家の財政基盤は崩壊する。タカ自ら整理事務を行った。生涯の恋に生きた露子だが、復員後の好彦の結婚では気に入らない嫁は許さなかった。世にある嫁姑関係も生じた。好彦の上京、航空会社への就職希望も許さない。堺・浜寺の別邸で文化教室を経営するが、一九五六（昭和三一）年、ピストル自殺（事故説もある）、三九歳。孫が二人の晩年のタカは富田林邸に手伝いの老女と二人で住んだ。すでに家督（不動産所有）権もない不安定な身だった。

ところで、意外な露子像が浮上する。夫の看護のため座敷を囲っていた。座敷牢という言葉が使われた時代である。露子のこの行動を「怨」からのものとして描いた作品が現われたのだ。露子没後三年の一九六二（昭和三七）年から『婦人公論』で連載が始まった山崎豊子（一九二四〜）の『花紋』である（単行本としては中央公論社、一九六四年）。かつて高い評価を得た美貌の女流歌人「御室みやじ」が、筆を折らされた復讐に病気を機に夫を座敷牢に閉じこめる——冷酷非情な女人像である。取材協力した松村らは落胆した。

山崎自身は単行本のあとがきで「この小説のモデルにつき、数々のお問い合わせを受けましたが、『花紋』の主人公である閨秀歌人、御室みやじは、どこまでも小説の中の女主人公です」と。ともかく、露子イメージはかなり幅広いものとして造形されるようになった。

好彦が文化教室を開いた堺・浜寺の別邸はル・コルビジェ風の鉄筋コンクリート三階建て

で、学生時代に好彦が設計した。戦争中、大阪市内の実家が空襲で焼かれて、その三階で世話になったのが山崎だった。好彦が豊子の実兄と旧制・今宮中学時代の同級であったことから、好彦が声をかけたという。『情は人の為ならず』というコトワザがある。しかし、相手がどんなに困っていても、なにを書かれるか分からない、作家だけには絶対、家を貸すものではないという教訓である」と松本和男は書く（前掲『評伝・石上露子』五五七頁）。わたし自身は職種より人間性にかかわることと思っている。山崎には時雨の甘いロマンティシズムに対する、ジャーナリスト意識（元・毎日新聞記者）からの抗いの心理があったのではないかと推測している。

日常のタカだが、自ら来歴を語ることなく、「露子」を知る人はいない。一九五〇年代、広壮な杉山邸からインターナショナル（世界革命歌）の歌声が響いた。タカが共産党河南地区委員会に屋敷の一部を貸したのだ。一九九六（平成八）年、新聞記者だったわたしは当時の地区委員長だった定免政雄（取材時七二歳）からこう聞いた。「貧乏委員会でも払える安い家賃だったと思う。一番苦しかった時代であり、貸してもらえるだけで地獄に仏の思いがした。石上露子を尊敬する文化に強い仲間がいて、信頼感が生まれた。わたし自身は会っていない。深窓の方でした」（一九九六年六月六日、朝日新聞大阪本社朝刊学芸面）。

リベラルな精神と大地主という在り様が両立しないわけではない。そこが人間の面白さである。むしろ、魅力の生まれどころだろう。社会主義系譜でとらえようとする研究もあるが、無理である。リベラル露子、健在なのだ。たどり返せば、輝かしい文学精神の連鎖は長谷川時雨の慧眼から始まった。時雨なかりせば、露子は未だ『明星』の中に埋もれていただろう。時雨が文中に「小板橋」を直接引用した効果も大きい。「小板橋」の文学力が、自ずと作動していった。日本女性史上の重大な遺漏となりかねない事態が、くい止められたのだ。戦前から着目し、戦後に橋渡しした島田謹二の功も大きい。

その秋の昼下がり、衣類の虫干しをしている座敷で一人こと切れていた。脳出血、七七歳。最晩年の露子と暮らした人の証言がある。西村以子《しげこ》、中・高の六年間、杉山邸に下宿した。富田林の学校へ日帰り通学が困難な、葛城山中の寺院の娘。二〇〇三（平成一五）年春、「石上露子を語る会」（故・芝昇一代表）に招かれて語ったことを、わたしの記事から紹介しておく。

「おばあちゃま」と呼んでいた。……

「白い指がきれい。すらっと長くて、しなう。手で指を逆に反らせると、円く弧を描いて。角火鉢の側に端然と座り、そんなしぐさをしていた。鈍色の和服姿で」……「客もなく、部屋の多くは夜、電気もつかない。食事は三人で、麦ご飯の質素なもの。肉など食べたことがない。食事中は話をしてはいけない、それが作法だった」

昼間、横になる姿を見たことがない。どこにいても背筋を伸ばして正座していた。「朝日ジャーナル」が創刊（59年春）されると、すぐ机の上にあった。「こんな難しい本を」と驚いた。（その秋死去）

決して外出しない「深窓の人」だった。「私も学校へ行く以外、外出を許してもらえなかった。女の子を預かる責任感だったと思う。でも、そんなに偉い人だったなら、色々きいておくんだったのに、残念……」（二〇〇三年五月二二日、朝日新聞大阪本社夕刊文化面）

筋金入り明治女のリアルな映像である。

先の『ロシヤ戦争前夜の秋山真之』出版記念会の、くつろいだ二次会について松本レポートの続きを見ておこう（前掲書『評伝・石上露子』一一二頁）。

島田先生は「この世には男と女が半分ずついる。だから、女が分からなくちゃ文学は分からないよ」というのが持論でした。そして島田先生にとって明治の日本男児の典型は秋山真之、女性の典型は石上露子だったのです。先生にとって明治の第一級の男性は秋山真之、それに匹敵する明治の第一級の女性は石上露子だったのです。島田先生にとって秋山真之と石上露子は等価値（equivalent）だったのです。

ところが、司馬さんから「先生、石上露子ってどういう人ですか」という質問がでました。島田先生が説明しますと「ハァ、そんな素晴らしい女流歌人が南河内にいたのですか。私は中河内に住んでいますが、南河内は中河内より豊かなんですよ」などと言われ、石上露子に異常な関心を示されました。私は司馬さんがもう少し生きておられたら、きっと石上露子をヒロインにした大河小説を書き、それが『坂の上の雲』に匹敵する司馬さんの代表作になったであろうという推測を禁ずることができないのであります。

露子の研究は今後も進んで存在感を深めていくと思う。とはいえ、文学史上のボーダーに位置し続けることも確かであり、そこが魅力の原点でもある。天の川から離れた闇に淡く瞬く一つ星——永遠に来ぬ人を待ち続ける、ような。

ところで、露子に対する明治第一級の男児が、なぜ秋山真之か――ということは措く。水野廣徳の方ではないか、とわたしには思えるが。それにしても島田謹二の懐の深さ、豊かにして鋭敏な感性を思う。その辺境ロマニズムがリヴァイアサン化した今の秋山像を生んだ。

3 『坂の上の雲』はどう書かれたか

司馬は作品をどう書いたのだろうか。まず陸軍の一〇巻本『参謀本部編纂・明治卅七八年・日露戦史』(偕行社、一九一二～一六年)について、「古本屋で紙クズ同然の安さ」として、「じつに克明にして詳細な記述であるのに、まるで煙でもつかむように実体がうまくつかめない。日時、地名、部隊名、その他、平面的な事実が綿密に集積されておりますけれど、しかし、極端にいえばそれだけ……」と書く。なぜか。「執筆者にえらい将軍たちの圧力がいっぱいかかったらしい。つまり将軍たちにとっては歴史とは手柄話という認識があり、手柄話である以上は自分のやったことを大ほめに書かせたい。こう書け、ああ書け、とさんざん注文したのでしょう。ところがそういう主観的手柄話を無限にあつめても一つの客観実態も得られないものです」（全集六八巻『旅順から考える』）。

他方、海軍戦史については「あとがき六」（完結後に「あとがき」をいくつか書いた）でこう記す。「日本海軍も軍令部編纂で官修戦史（注＝『公刊戦史』）を出している。海軍の場合は軍艦という大きな戦闘単位が存在として明瞭で、むしろ明瞭すぎるほどであるためあいまいな記述がしにくく、資料価値は陸軍のそれよりも高いようにおもわれる。しかも当時従軍した海軍軍人の文章なり談話なりが比較的正直に残されているため、陸軍ほどの苦労はなかった」。陸軍に比べると大部甘い。ここで言う海軍軍人とはまず水野廣徳のことだろう。

周知のように司馬（福田定一）は陸軍戦車兵として学徒出陣した。実戦前に内地で終戦となったが、過酷な体験ではあったようだ。海軍は合理的だった、という評はよく耳にする。わたし自身、軍隊経験者や年長者から直接何回も聞いたことがある。このひとたちは陸軍関係者だったのか、どうも隣の芝生……の心理があったような気がする。むろん『極秘戦史』の実情を知った今となってはその評は虚妄の言に過ぎない。

「『坂の上の雲』を書き終えて」（『全集』六八巻）でさらに書く。「海軍のほうは自信がなく、まずネービィの気分を知るために、海軍と名のつく書物や、海軍軍人の伝記はほとんど読んだ」。そして戦役参加者の遺族から書簡類など資料提供を受けたことや、とくに軍艦については福井静夫、砲術は黛《まゆずみ》治夫という「世界中でまれな権威」（同上四八頁）から教えを受けたことを記す。「私は他に娯楽がないために物事を調べるというぐらいが娯楽であり……」も率直な語りだろう。

続いて「原則として、私は権威者に物をきいたり、あるいは助手をつかって資料をしらべてもらったりすることはいっさいしない。権威者にきくということはたとえばマンジュウのアンコをひとに食べられてしまうようなもので、物事に近づくということはよく行って近似値にまでしか近づけないにせよ、近づく作業を自分でやることによって、その作業の過程においてそのものの本質がわかる（あるいはわかるような）感じがしてゆくものなのである」と。わたしも、おこがましい言い方だが同感である。ただ、前述のように「軍艦や砲術の世界中でまれな権威から教示を受けた」（傍点引用者）とも書いているから、これは「原則として」の例外だったのだろう。

『坂の上の雲』の軽快な読みやすさは、むしろ史料に絡め取られないところから来ていると思う。『此一戦』（水野廣徳著）との比較でいっている。こちらの読みにくさは文語調であること、それも幼時の漢籍教育がベースになっている人の文章であることが最大の原因であるが、それとともに常に史料の重圧下にある重さ……というようなものが感じられることだ。

さらに加重されたものがある。水野は隠蔽・改竄をすべてではないにしろ、知っている。それとの葛藤がある。『極秘戦史』を読んだ身には、幸か不幸か、その気分が伝わってくるのである。

司馬の世代の人には、日本海海戦のイメージ、さらにはストーリーが予め頭に入っているのだと思う。とりわけ多感な歴史好きに違いなかったはずの福田少年において——。そのイメージとはまさに小笠原史談であるにしろ、である。この大作中で直接の日本海海戦の描写はむしろわずかだ。既知の知識でほとんどカバーできていたと思う。ただ先述のように『公刊戦史』（むろん文語調）を「明瞭であいまいな記述がない」と評価した（本書二四一頁）。ちょっと困ってしまうのだが、巨大な司令塔があったから、それなりの（偽瞞のということだが）系統立てはあるといえるのか。基本的に出典を示さないからわからないが、必読文献である『此一戦』は当然読んでいるし、水野の「自伝」も全部かどうかは分からないが閲読している。

それが『反骨の軍人・水野広徳』（島田謹二解題）として公刊されたのは一九七八（昭和五三）年だった。『坂の上の雲』の紙上連載は六年前に終わっているから、司馬は連載執筆中に「自伝」をなんらかの形で読んでいたことになる。「自伝」巻末の「刊行のことば」で刊行委員会代表の南海放送取締役社長・平野陽一郎は「水野本人とツヤ未亡人が固く公表を拒んでいたため今日まで秘蔵されてきたが、その存在自体は一部で早くから知られていた」という趣旨を書く。島田は例によって克明な「注」をつけているから、解題作業自体は大部早くから着手していただろう。いずれにしろ司馬の取材力がこの超一級資料を逃すはずはない。連載時の一九六八（昭和四三）年から七二（昭和四七）年というのは、わたしの記憶ではコピー器が普及していった時期である。司馬は作品中で水野のことに触れていない。

自身のことで恐縮だが、一九四三（昭和一八）年生まれのわたしでも、日本海海戦について一定のイメージがインプットされている。姉か兄かの歴史の副読本であろうか、古びてはいたがカラー（天然色といった）の絵本が家にあった。三つのシーンの記憶がある。鎧兜の加藤清正が長い槍で足元の虎を突き立てている図。織田信長が床几に腰掛けて図面を手にしながら皇居の再建工事を指揮している図。そして暗く波立つ海、あちこちに水柱が上がるなかを日章旗を掲げた三笠が堂々と進んでいく図である。東郷のことは「東郷さん」と、さん付けで意識されていた。なぜか分からないがそうだった。むろん、わたしは満開の民主教育を受けた世代である。それでも長い軍国主義教育の余塵は生きていたのだろう。

司馬叙述の軽快さは、遺族や研究者（権威かどうかは別にして、何人か名前もあげている）、あるいは直接の戦役参加者（今確認できないが登場していた気がする）、その回顧録、関連各地に残る話など、直接取材から書き起こしている点にあるのではないか。つまり新聞記者的手法である。ベースの文献は十分用意しておくとしても、あまり文献に首っ引きになっていないこと。むろん調べに手抜きする、という意味ではない。筆先をフリーにしておく、という表現で意を尽くせるか。

司馬が執筆にあたって膨大な資料を読んだということは定説化している。それは、単なる小説ではない、事実なのだというメッセージ性を生み、権威の一つの柱となる。いまや無謬の神話効果さえ生んでいるように見える。「膨大な資料読み」は、どうやら井上ひさしが一つの源泉になっているらしいことを中村著（『「坂の上の雲」と司馬史観』）に教えられた。井上著『本の運命』（文藝春秋社、一九九七年）にこうある。

亡くなられた司馬遼太郎さんや松本清張さんは、ケタ違いでしたね。たとえば、会津若松の資料を探そうと思って神田にいくと、この前まであったはずの本が、ポカッと無くなって空いている。「どうしたんですか」と聞くと、「いま司馬さんのところへ行ってます」というんですね。

> 司馬さんが、「こういう本はないか」とおっしゃると、神田中の本屋さんがみんなで協力して集めて、段ボールに詰めて大阪へ送る。（一一二頁）

井上の権威性も加わって、神話はますます真実味を帯びる。むろん真実でないということはないのだが、実は井上はすぐこう続けているのだ。

> それをぱっと見て、これは要る、これは要らないと分けていって、残ったものを送り返されていたそうです。ほんとに本が動いてるという感じがしました。（同）

ここを読んでわたしはハタと思い至った。極めて新聞記者的なやりかたなのである。新聞記者は多くの書類・データを前に、制限時間を前に即バタバタと処理しなければならないことがある。パラパラ斜め読み、どころか、何ページも平然と飛ばす。重要なところが抜けてしまっている可能性もむろんあるが、目を皿のようにして集中すると、案外大過なくいく（と自分では思っている）ものである。この描写に福田記者を感じた。かなりの量の本が神田にUターンしたのだと思う。ユーモラスにしてみごとな落ち、さすが井上の筆である。だが世の人々、とりわけファンには後段が目に入らなかったのだ。

司馬のとき『極秘戦史』はない。手元に日時・場所確認用に『公刊戦史』はおいていたと思う。当時の新聞・雑誌もむろんあるだろう。そして、『此一戦』に小笠原史談の丁字戦法や七段構えを適宜配し、これらを骨組みに水野「自伝」ほかの取材情報から得たものを多彩に肉付けしていく。ストーリー展開と取材データが整合しにくいところは生身の筆者が登場して感想でつなげる。通常の小説では禁じ手だが、読者はこの大作家に対して十分了解済みであり、より親愛の情を感じるところなのだ。

司馬自身は「この作品は、小説であるかどうか、じつに疑わしい。ひとつは事実に拘束されることが百パーセントにちかいからであり、いまひとつは、この作品の書き手――私のことだ――はどうにも小説にならない主題をえらんでしまっている」（第四部「あとがき」）と書いた。言い訳と同時に謙遜の後段に力点を置いた記述だと思うが、ファン読者は前段を「百パーセントの事実」と受けとめた気配がある。単なる小説ではない、事実・真実だと。読者の側に誤解があったにしろ、わたしは小説家として前段をいう必要はなかったのではないかと思う。そこにまだ若かった著者の気負いを感じる。完結して書いた感想、「名状しがたい疲労……」（「あとがき」六）には実感がこもる。

終章　「青い天の……白い雲」とは

1　高度成長期の気分

『坂の上の雲』は「まことに小さな国が、開化期をむかえようとしている」で始まる。この書き出しは、島崎藤村『夜明け前』の「木曽路はすべて山の中である」、川端康成『雪国』の「国境の長いトンネルを抜けると雪国であった」と並ぶみごとなものだと思う。この一行で読者は胸騒ぎするような期待感で、すでにドラマの世界に惹き込まれている。

もう一つ、冒頭の文と呼応するのが第一部「あとがき」の次のことば――「のぼってゆく坂の上の青い天にもし一朶《だ》の白い雲がかがやいているとすれば、それのみをみつめて坂をのぼってゆくであろう」。むろん作品題名の説明であるが、伊予というローカルな世界の三人（子規、好古、真之）を見てきた読者は、この一文を読みつつ地上世界を俯瞰する著者の気分を共有することになる。この文は「あとがき」にさりげなく入れられているが、冒頭の文とともに最初にセットでできあがっていたのだと思う。さりげなく置くことにより、いっそう深く読者の心にしみ込んでいく。端的に言って、疑念のない純粋さ、というようなものである。

司馬の比喩の巧みさは定評のあるところだが、みごとな比喩はイメージが芳醇な分、イメージを一人歩きさせる効果をもつことにもなる。この二つのフレーズで、読者は早々と司馬マジックの世界に誘《いざな》われることになる。

ただ、ここでわたしの頭には明治の日本人にそれは普遍的に見られた意識であろうかという、素朴な疑問が浮かぶ。まことに卑近な例で恐縮だが、三十数年前に死んだ一八九八（明治三一）年生まれの父のことだ。日露戦争が終わったとき満七歳である。戦勝の提灯行列のことを語っていたようなぼんやりした記憶がある。「東郷さん」は父がそう呼んでいたからかも知れない。坂の頂上附近？にあったはずの明治末期がまるごと少年時代にあたる。確か、子どもはみな裸足で歩いていたといっていた。高等小学校を卒業しただけで、どういう仕事をしていたか知らない。青年期の一時、隣接市の市役所に勤めたことがあるがほどなくやめた、あるいはやめさせられた。市の幹部に汚職があったのを新聞記者に積極的に話したから、のようだ。小さな自営をするが、戦争でつぶれた。年代的に自身が兵役にとられることはなかった。

戦後は病気がちのなかで、県東部の製粉製麵業界の事務を受け持っていた（当時は食管法時代で原料麦の購入は農林省の認可が必要で、書類をそろえて静岡市にあった同省食糧事務所に申請に行くのが主な仕事)。もとより大した収入ではなく、なにより仕事より町内会の世話役をするのを好み、母を嘆かせていた。四方山話のしゃべり好き(母は女としては無口で、わたしがその質を継いだ)、経済的には堂々たる底辺層庶民。戦後はそれなり民主主義者のようにふるまっていたが、戦前・戦中は軍国派だったに違いない。わたしたち兄弟の名前(勝・進・勲)が証明している。丸山真男が分析した、流されつつファッショの時世を担う大衆の一典型である。

この父の意識についてわたしが自信をもって断言できることがある。「坂の上の雲」意識など金輪際もったことがないということだ。もとより、これはごく矮小な一例に過ぎない。それに司馬が意味する坂の上にのぼって行く時代というのは直接には維新から日露戦争までのようであるから、父はすでにポスト世代であり論外かもしれない。

「維新後、日露戦争までという三十余年は、文化史的にも精神史のうえからでも、ながい日本歴史のなかでじつに特異である。これほど楽天的な時代はない」と、司馬は第一巻の「あとがき」で書く。さらに「社会のどういう階層のどういう家の子でも、ある一定の資格をとるために必要な記憶力と根気さえあれば、博士にも官吏にも軍人にも教師にもなりえた。……自分もしくは自分の子がその気になりさえすればいつでもなりうるという点で、権利を保留している豊かさがあった」。そうだろうか。

確かに秋山兄弟は貧しい家だったようであり、水野自身の場合はさらに厳しい状況にあった。彼らは維新で経済基盤が瓦解した中・下士族であった。だが、それでも単なる庶民・大衆ではなかった。極貧とは関係なく四書五経は当然のこととしてたたき込まれる知的特権階級なのである。来宅した真之の綺麗な羅紗地の外套を恐る恐るなでてみた水野にしても、自身がそれを着得る道は最初から開けていたのだ。富裕商人・豪農層というもう一つの特権化し得る層がこれに加わる。彼らに藩閥勢力から疎外されているという意識があったとしても、圧倒的多数者である庶民層からみればエリート階級なのである。わたしは階級区分を一義的に経済でやるやり方は日本では適わないと思う。

司馬作品に描かれる主人公は多く秋山真之や正岡子規、あるいは坂本龍馬に典型なように、時代の大道を行くエリートである。例え経済的に恵まれないことがあっても、あるいは中途で悲運・非命に倒れることがあるにしても、である。確かに新撰組のように反時代組もあるが、反時代のエリートなのだ。

境界《ボーダー》の視線をもつ島田謹二が描く真之像は、司馬とはどうも違う。広瀬のロシヤはもとより、真之のアメリカにしても、英・仏・独への留学組に比べるとやや正統から外れる。島田の真之は、そのアメリカにおいてもボーダーであるキューバで行われた米西戦争という、日本人にはリアリティのない霞のような世界からのレポートで輪郭を現してくる。アメリカにおける、文の人・秋山として。その視線は水野廣徳も逃さなかった。そして石上露子も。

司馬の真之は松山が日本の一辺境だとしても、最初（幼時）から武の大道をゆくものとして明確に位置づけられている。同じ松山出身ながら脇道に外れていった水野のことは、資料としては使ったものの直接に描くことはなかった。現実の司馬は文壇中央から遠い大阪、その大阪もボーダーの「猥雑の地」（『全集』六八巻「わが街」）と自ら表現する布施（現・東大阪市）に好んで住み、庶民感覚派として振る舞った。一方、島田は東京大学という権威の中心にあった。そのクロス位置関係も興味深い。

明治の気分は立身出世主義ともいわれてきた。しかし、裨益した層は限られていたのではないか。あたかも全階層に開かれたような共同幻想性に、権力によるプロパガンダの臭いを感じる。司馬が書く「その気になればなりうる……留保した豊かさ」というのは、じつは第二次世界大戦後の高度成長期の意識ではないか。経済的繁栄への夢を、大多数の庶民層を含めて——というより庶民層から突き上げるように全国民で共有したこのときこそ、日本歴史のなかで初めての体験だったのだと思う。多分、今の『坂の上の雲』ブームにも、いわゆる団塊世代以上におけるあの時代へのノスタルジーがある。テレビ企画の狙いの一つであろう。

一方で就職難、常時不況状態のいま、若ものたちはほとんど無関心に見える。

わたしは明治中後期の文学の思想史的分析をテーマにしているが、「坂の上の青い天に……白い雲」（第一部「あとがき」）というような傾向の作品は、貧弱な読書量のなかでのことだが、ちょっと思い当たらない。近い位置にいそうな与謝野鉄幹・晶子の明星ロマンも違う。自然主義文学はもとより違う。明治前半期の政治小説にあるいは近いものがあるのかも知れないが、残念ながら狭い視界が及ばない。ただし、疑念なき純粋さ、あるいは単純さというような気分は、わたし自身が濃密に体験済みである。戦後の高度成長期のそれである。少・青・壮年期始めまでわたしは丸ごとその中にいた。青年期から壮年期にかけて毎年給料がどんどん増えていった。はるか高嶺に見えた西洋の国々を、経済の指標はごぼう抜きにしていった。まさに坂を駆け上がる勢いであった。他方、学生時代には「戦争はんたーい、再軍備を許すなー」などのシュプレヒコールを列の後ろで叫んだこともある。が、日本がまた戦争をしたり、自分が兵隊にとられる現実性など少しも感じてもいなかった。平和憲法なのである。高度成長の気分はこの平和の意識で裏打ちされていた。

『坂の上の雲』が高度成長期の気分を汲み取り、あるいはそのことで経済戦士たちを元気づけたということはよく言われることだ（実際この小説の賛美者に財界・経済人が多い）。そのことで成長をさらに加速させていった、といえる面もあるだろう。この辺りが国民文学論が出てくる所以かもしれない。「一朶の白い雲」とはまさに軍備抜きの経済的繁栄のことではなかったのか。右派からの司馬批判が出てくるところでもある。

自身の例で恐縮だが、司馬作品は確かに元気づけ薬であった。仕事柄、文書類や本を読まねばならないことが多いだけに、反動でなにも読みたくなくなる時間が継続することがある。そんなとき怠惰から脱出用のエンジン始動モーターが、わたしの場合司馬作品であった。そこからテイク・オフしていく。だから純粋の愛読者とは言えない。それも、代表作といわれるものを基本的に全集本で読んだのみだ。『坂の上の雲』にしてもそうである。面白くて心待ちにしたのが『項羽と劉邦』の続巻の発行であった。当時、体調を崩して入院することがあり、ベッドの中でそんな心境になった記憶がある。年譜で見ると一九八〇（昭和五五）年夏のことだ。印象深く心に残る作品が江藤新平を描いた『歳月』である。

わたしは思う。『坂の上の雲』は、高度成長期の気分を明治期に巧みに織り込んで作り上げたものではないか。従ってそこに描かれた明治はとても理解しやすい。あるいは理解した気分になる。進行形のいま現在の気分だったからだ。このことはわたしの好きな藤沢周平作品にもいえることと思う。現代のサラリーマン社会が江戸時代の東北の一小藩で展開される。

もとより、そのことで小説（フィクション）が責められるべき理由などまったくない。小説は自由であり、文学にとって事実かどうかは本質的な問題ではない。事実性のイメージをかけた方が、読者に喜ばれるにしても、である。舞台設定は藤沢作品がまことに小さなローカル世界なのに対し、司馬作品はナショナルであった。むろんそれも自由。普遍（あるいは真実）に至る道はナショナルかローカルかを問わない。ただ、後者に国民文学論が出だしたころから、多少の勘違いが読者と著者の双方に生じたような気がする。いずれにせよ、大衆文学の力を見せつけた大作家であったと思う。

2　戦車兵、福田定一青年

『坂の上の雲』における先の二つのフレーズ、「まことに小さな国が、開化期をむかえようとしている」と「のぼってゆく坂の上の青い天にもし一朶の白い雲がかがやいているとすれば、それのみをみつめて坂をのぼってゆく」に表れている、疑念なき純粋さというような気分を、わたし自身の高度成長期体験で書いた。じつはだれより、これは司馬自身の戦後精神史の叙述ではないか。

司馬遼太郎（本名・福田定一）は一九四三（昭和一八）年一二月、大阪外国語学校（現・大阪大学外国語学部）蒙古語科に在学中、学徒出陣にとられ、兵庫県西脇市青野ケ原の陸軍戦車第一九連隊に配属された。初年兵教育を終え甲種幹部候補生試験に合格した。福田ほかの合格者は、翌四四（昭和一九）年五月、（旧）満州国四平にあった陸軍戦車学校に送られ、戦車隊指揮官になる教育を八カ月間受ける。修了後、西脇の原隊復帰のはずが、原隊はすでに動員でフィリピンへ航行中、アメリカの潜水艦に沈められていた。そこで第一九連隊出身者は関東軍転属となり、福田は満州東部の牡丹江の戦車第一師団第一連隊配属となる。

一九四五（昭和二〇）年三月、大本営命令で同師団は東京防衛のため栃木県の佐野に送られ、そこで敗戦を迎える。東京も大阪も焼け野原であった。広島、長崎はいうまでもない。わたしの生まれた静岡県東部の小都市も空襲を受けた。終戦時、一歳八カ月であったのでその記憶はまったくないが、いたるところ焼け跡が物心ついた最初の心象風景である。そして駅前通りにできた、テント張りの黒々とした闇市風景も。よくもここまで丹精こめて爆撃してくれたものである。むろん悲惨なこともあったと聞くが、ヨチヨチ歩きのわたし自身が家族の目からは危うい瞬間もあったらしい。大帝国は、まことに小さな国になっていた。しかし、たたき潰されたことで、憑き物が落ちたように晴れ晴れとした気分になった。八月一五日の例の玉音放送を、何をいってるのか聞き取れないながら戦争終結であることがわかった。そのとき見上げた空が真っ青だった、という証言を多くの年長者から直接聞いている。

わたしは「青い天の一朶の白い雲」には、戦車兵だった司馬（福田定一）の感慨が含まれている気がしてならない。二〇一〇（平成二二）年九月の一夕、如水会（一橋大の同窓会）大阪支部の晩餐会で、司馬と戦車兵時代の戦友・佐藤繁男が「若き戦車兵だった司馬遼太郎と私」と題する講演を行った。東京商大（現・一橋大学）からの学徒出陣で、福田とは青野ヶ原と旧満州国四平を通じて兵営が同じで寝台も隣り同士の寝台戦友となった。佐藤は自分が乗車する「九七式戦車」（皇紀二五九七年＝昭和一二年制定の戦車）についてこう話した。

「戦車の室内は狭く、乗員は車長、操縦手、砲手、重機関銃手兼通信手の四人で、時に小銃を持った車外員一～二名、戦闘中は天蓋はもちろん操縦席の窓も閉められ、貯金箱の穴のようなてん視孔という細い隙間から外を見なければならず……戦車の砲塔や側壁を貫通した砲弾が、反対側の壁を貫通して外へ出てくれればともかく、砲塔内部でグルグルまわると、人間の体もミキサーにかけられたひき肉のようになり、あとで戦死者の遺体収容には、割りばしで肉片を一つ一つ集めた……」。ただ司馬が日本製戦車がブリキでできたような戦闘に堪えられぬシロモノと酷評したことについて、「それは誤解である」と指摘した。
その人柄について――。「彼は本来温和な優しい人柄で、軍隊時代から眼鏡をかけて、いつもニコニコ笑っており、誰彼となく好かれていました。ただ戦車兵としてはどうだったか？　まず眼鏡をかけた彼がなぜ戦車兵に採用されたのか？……（自由奔放な学生生活を送ってきて全てにだらしがなかった学徒兵のなかでもとくに）内務、訓練とも諸動作万事が鈍く、軍人としては些か物足りない、しまりのない様だったと思います。ただ、なぜか銃剣術は強かったのですが、人を刺すということが観念的に嫌いだったらしく、何時も嫌そうな顔で訓練に出ていました。実に兵隊らしくない兵隊でした」
エピソード――。「福田と一緒の深夜の不審番勤務中、車庫の戦車の中で御禁制のたばこを吸い、ついうっかり寝込んでしまったところを巡察中の週番士官に見つかって、重営倉三日の懲罰を食らったり、新京までの操縦行軍で戦車のエンジンを焼きつかせたり、しょっちゅうエンストをしてエンジン始動のための歯車を折損したりと、そのたびに「天皇陛下からお預かりしている大切な兵器をお前たちの下手くそな操縦で傷つけるとは何事か」と教官から怒鳴られました。……福田の操縦技術は同期生の中でもとびきり下手くそでした」
敗戦時二二歳。産経新聞社記者時代の一九五六（昭和三一）年、『ペルシャの幻術師』で第八回講談社倶楽部賞、六〇（昭和三五）年『梟の城』で直木賞を受け、六二（昭和三七）年『新撰組血風録』、そして『龍馬がゆく』着手と順風満帆に地位を築いていく。まさに高度成長と軌を一にし、栄光への文壇の大通りを翔ぶが如くに駆け上がっていった。この間、紡績会社に勤めた佐藤は福田と近鉄電車のなかで再会するが、佐藤の海外勤務で本格的な旧仲間の交流が復活するのは『梟の城』受賞記念の集まりからという。会の幹事として時々、東大阪の自宅を訪れるようになる。

「彼は司馬遼太郎として次第に有名になり、所謂取巻きも多くなってきましたが、昔からの変わらぬ態度で、機嫌良く付き合ってくれていました。……『坂の上の雲』や多くの作品を書いている超多忙な時期にも拘わらず、何の得にもならない我々との友情を大切にしてくれました。いつだったか彼が、ぽつんと言った「君たちとは無防備の裸で付き合えるからいいな」との言葉が忘れられません。有名になってからの彼を取り巻く者の中には、茶坊主的な編集者や関係者が多くなり、彼も閉口することが多かったようです」。

八月一五日、突如天蓋が飛んで去ったような戦車内から見上げた空が、福田青年の「青い天の一朶の白い雲」だったのではないか。

あとがき

大阪で学芸記者をしていたので司馬遼太郎氏には何度も会い、直接謦咳にも接していた。いつもニコニコと（戦友・佐藤氏の語った通り）、偉ぶるところのまったくない方であった。仕事柄、夜間に電話のベルを鳴らせてもらうこともあったが、気軽に電話口に出てくださった。こういうとき不機嫌そうに（これは仕方がなく当然ともいえる）、また横柄な言動をする人さえままあるものだが（そういってはなんだが氏に比べるとずっと小物でも）、そういうことは絶えてなかった方である。いまも感謝している。小物記者とて単独インタビューするほどの機会は得られなかったが、決定的に大きな取材をする縁にはめぐり合わせた。

一九九六（平成八）年二月一二日夜、国立大阪病院（当時）での氏の逝去時である。腹部大動脈りゅう破裂、九時間を越える手術の末、意識不明のまま……七二歳。二日前に自宅で歯磨き中に吐血し病院に運ばれた。医師にかかるのを好まぬ人だったというが、家族の説得に応じ「がんばるぞ」の言葉を残して手術室に入った――各紙とも翌一三日夕刊一面で大きく扱った記事である。その日は月曜だったが前日の一一日が建国記念の日であったため振替休日であった。そして新聞も休刊日（翌朝つまり一三日の朝刊が休み）であった。この日、わたしは留守番役の当直出勤をしていた。夕刻、なにもなさそうなのでそろそろ帰ろうかなと思っていた矢先、司馬氏危篤の報が入り、肥後橋の本社から難波宮跡わきの同病院に駆けつけたと記憶する。

ほどなく在阪の記者数十人相手の会見があり、何時間か後に改めて東京からのテレビを含めた取材陣百人を越える大会見があった。翌日朝刊なしというのは新聞記者にとって心理的に楽なのである。通常の月曜日だったなら、死亡時刻の午後八時五〇分というのは大変微妙な時間帯である。朝刊に入れるため修羅場の作業となったはずなのだ。最後までやさしい方だったと心底思ったものである。

本書の意図は「まえがき」でも記しように、『坂の上の雲』のテレビ・ドラマ化を契機に生じた現象を考えることであった。ここに至る歴史的経緯をたどりながら分析的に検証を試みた。氏のお人柄とは別問題として、すでに大部前から生じていたやや過剰と思える作品賛、さらには無謬の聖典視とも受け取れる風潮、それを「国の形」のモデルにまでつなげていく論調に率直のところ危惧を感じていた。そこまでいくと、新たな史料状況のもと、改竄・偽造史料をベースにした作品なのです、といわざるを得なくなっていた。

その改竄・偽造は国家の軸をなす巨大組織でなされ、その病的体質を昂進させるのに力あり、後々まで（現在も）諸組織に深く及んだことは、年金や検察の証拠改竄など直近の出来事としてわたしたちが思い知らされたことだ。程度の差こそあれ、どこの国にもあり得る権力悪ではあるだろう。とはいえ西欧のような啓蒙主義的批判精神を基本的に欠いて――検証・批判の真のジャーナリズムを確立できなかったということでもある――一応の近代国家組織を組み上げてしまった経緯を冷静に見なければならないと思う。挫折点は自覚しておいた方がいい。ただ、新聞界として過去に範を求めるなら日清（明治二七～二八年）・日露（明治三七～三八年）の戦争の前、明治一〇年代の自由民権期である。気骨の言論があった。その系譜は基本的に雑誌・地方紙によって伝えられたとわたしは考えている。

明治維新後の薩長藩閥政治下で生じた有司専制、つまり国民支配の官僚組織は根が深い。その自閉的権力機構と隠蔽・改竄因子はよく親和した。第二次世界大戦後も基本的には解体されることなく生き延びた。それは権力・権威的なものに阿《おもね》る傾向を世に瀰漫させ、批判することを避ける性向を持続させた。本気でものをいおうとすると、唇寒し……は過去の話ではない。司馬氏自身がそれへの批判者であったと思う。乃木愚将論は勇気がいったはずだ。

作品のテレビ化はむろん自由であるが（後述の一点を除き）、事実上の国営放送が今の時点で偽造部分を事実・真実として描くとしたら問題だと考える。わたし自身はテレビ・ドラマというのは見られない人間なので（日常空間の一部分で展開される過剰な喜怒哀楽についていけない）、見ておらず、従ってこの点は論じる資格がない。この作品についても例外ではない。ただし二〇〇九（平成二一）年末の第一回目はともかく我慢して見た。案の定、ぴょんぴょん跳びはね、目玉クルクルに早々に意欲を喪失した。荘重なナレーションもことを知ってしまった耳にはヘンである。登場人物の凛々しくも重々しい軍服ファッションが、作者の好むところであったのかどうか。

司馬氏は映像化を望んでいなかったと聞く。表現・言論の自由とは、当人がそれをしない自由も含んでいる。原作者の意図に反してそれを行った理由を放送側は説明したのだろうか。少なくも第一回目にはなかった（後の回でなされているなら教示を得たい）。まさか、大作家のその意志こそが、その理由である――とは思いたくない。低レベルの特ダネ意識のことを言っている。言論の幅を狭める規制的なことにわたしは一切反対である。それだけに、とりわけ報道機関であるなら、その自覚と志が問われる。ジャーナリズムとして、本人の意志に反する映像化における正統性の問題である。

大河ドラマなどＮＨＫの〝大作〟は通常ヒットする。その構造を見ておく。各紙元旦の紙面はふだんの報道本体部分とは別に、ラジオ・テレビを中心とした別刷りの特集面がある。朝日では「第2部　テレビ・ラジオ」となっている。全体が広告のように見えるが、本体の第1部に対して第2部の「報道」面である。二〇一〇（平成二二）年の場合、第一面に「龍馬伝」の男優の上半身写真が大きく載る。毎日は一面がNHKの別作品、「龍馬伝」は九面。読売は一面がAKBで、「龍馬伝」は一七面だが全面を割いている。日経は二面にかなり大きい龍馬の姿が載る。この年が龍馬ブームになったことは周知の通り。直接の司馬作品ではないが、司馬イメージを醸しだしている。〇九（平成二一）年の年末には『坂の上の雲』の第一部が放映されていた。前後を通電状態にセットした、電波・活字合体の巧みな司馬イメージの持ち送りである。

渋谷のNHK放送センター内には大きな面積を占める放送記者（NHKの番組等を取材し広報してくれる記者の意）クラブがある。大手新聞社・通信社の文化・学芸担当記者が所属する。NHKの広報員が適宜、番組を軸にリリースをする。官公庁の記者クラブと基本的に変わらない。ただ、メディアがメディアを取り込む・あるいは取り込まれる、そしてメディアがメディアに情報サービスし・サービスさせるという構図は、より奇妙な関係といえる（もっともNHKを一官庁と規定すれば同じことだが）。こうして年々の国民的ドラマ（監修者に〝権威〟

の歴々が名を連ねる）が、そうなるべく送り出されてくる仕掛けなのだ。〇九（平成二一）年末放映の『坂の上の雲』の場合は関連記事が露払いさながらいち早く春先に出て、秋口からは頻出する。筍ラッシュを先導する形でブームを作っていく。新聞の力は絶大と広報員が語るところだ。もともとラ・テ面はダントツの閲読率を誇る紙面である。

さかのぼると朝日の一面は二〇〇九（平成二一）年「天地人」、〇八（平成二〇）年「篤姫」、（〇七年は特定作品とは無関係）、〇六（平成一八）年「功名が辻」とNHK大河が続く。他紙と比べても肩入れが際だつが、〇五（平成一七）年以前はNHK作品がとくに特等席を占めていたわけではない。少々注目したいのは〇五年一月、朝日がNHKの番組が政治家の関与で改変されたという記事を掲載したことから、両者のバトルが生じたことだ。女性戦犯法廷を扱ったドキュメンタリー作品で制作現場の意向を無視して上層部が政治圧力に屈したという趣旨のスクープ記事だった。紙面と画面という各機能を通したやりあいが長らく続いた――この経緯自体は措く。翌〇六年の上記司馬作品から密な関係が始まる。事件担当は社会部、テレビ本体担当は学芸部。どういう経過があったのか無かったのか、知らない。なお一一（平成二三）年もやはり指定席に「江」、読売もそうだ。毎日はTBSのドラマと独自色を出している。

『坂の上の雲』に戻るが、電波・出版の巨大メディアがシステムとして作動する下での「賛」であるから、批判の側はどうしても影が薄くなるのは否めない（批判のフリの賛もあった）。そのなかで対朝鮮・韓国観、及び司馬氏の日露戦祖国防衛戦争論を批判した筋の通った（フリでない）史観的批判もある。これが左的立場とすると、氏は東京裁判史観に侵されているとする右的立場からの批判もある。総賛美つまり翼賛状態というのは社会として不健全であるから、多様な立場からの言論はいいことだと思う。ただわたし自身は文学への史観あるいは歴史認識からする批判にはやや違和感がある。ホメロス作品は濃密なギリシャ民族史観だろう。三島由紀夫の史観にはまったく与しないが、その作品世界にはついひきこまれる。

文学とはかく危ういものであり（この点で司馬作品はまったく健全である）、史観ではとらえきれない渦巻く宇宙、荒ぶる混沌ともなる。逆にいえば史観に埋没してしまうもの、あるいは史観の倒壊とともに崩れてしまうような作品はたいしたものではない（かつて社会主義文学論なる不毛な論があった）。それに比べれば国の形というような細部のことは、社会科学領域のこととして任せておいた方がいい気がする。いずれにしても、受け手としてのわたしたちは最終的な対抗権をもっている。見ないこと、買わないこと——である。

多彩な人々の司馬賛を見た。商業主義的観点からはなんということもないのだが、一般には対立関係にあると思われる朝日と文春・産経がここでは競い合っていた。ついブルータスよ……の心境にもなる。刊行部数も一九〇〇万部ともなると、そのまま質的意味合いに転化するのだろう。「国民作家」の成立基盤である（メディア論からこの点を論じた桂英史の先駆的な『司馬遼太郎をなぜ読むか』がある）。こういうなかで千万人といえども……は現実にはなかなか困難なことなのだと思う。先述の国柄もあり、批判を意図しつつも結局は賛に向かう心理的圧力がかかるのか。高度メディア社会化で大勢順応主義のＤＮＡに拍車がかかっただけのことかも知れないが、族・文化人を生む温床である。

なお詩人・中村稔氏の『司馬遼太郎を読む』（青土社）は吉村昭著『海の史劇』との冷静な比較作品論であり、ほかにも見逃した良心的作品があったことと思う。

かつて歴史家・羽仁五郎（一九〇一～八三）が「雨が降ってるけど良い天気だ」と喝破したことがある。批判しているようでいながら機嫌うかがいもしている論調のことだ（直接には朝日新聞のそれについていったのだと記憶する）。わたしはどうしても歴史分野の人、つまり歴史研究者あるいは同学者が気になるのだが――当然とくに日本近現代史――司馬氏の日清・日露戦争観とは相いれないはずの帝国主義間戦争論の人にも、案外「いい天気だ」が目についた。ほとんど、あられのないものもある。その理由について一応の見通しはついているが、未検証のうえ紙幅もないのでここでは控える。ついでに、「歴史家」とは自称すべき言葉ではないと考える。羽仁は毀誉褒貶の多い人だったが、その肩書に値する人であった。阿《おもね》りが習い性のようになった世を思うとき、なつかしい。

史料を発掘して、読み、整理し、考証を重ね、わずかにでも事実を確定し——を基本とする歴史学はシンドイ作業である。徒労、期待外れに終わることがあるし、自分なりの成果をあげたとしても脚光を浴びることはふつうない。今でもこのタイプの研究者が多数と思う。そもそも歴史とは史料読みである。「論」ずることなどずっと後位のことで、なくてもいい。ただ、そうすることでメディアに載るというやり方もある。さほどの内容でもないのに目立つ。他分野でもそうだが、いまやメディアへの露出が業績と受け取られかねない時代だ。「学」作業を十分してきた人ならともかく、早い段階でそのコツを覚える人もいる。甘き蜜を吸った研究者は堕落するのである。かつてメディアのなかにあってわたしはそういう仕事もしていた。当該メディアの傾向に合わせて「論」ずる器用人もいた。

日露の海戦史について近現代史の人が司馬氏の記述を前提に書くのにも驚く。歴史の人間としていまそれをするのなら、『極秘戦史』抜きでは済まないのだが、ほとんど無頓着である。なぜか。戦闘史、作戦・戦術論など直接軍行動に関わることはディレッタントの世界であり、正統学問の領域ではないという意識があるからだ（戦争の政治学、戦争の経済学、戦争の法学などは正統の内と意識される）。軍行動史を見下す視線である。それに触れる場合でも、自己の世界内と認める相手とは違うぞんざいな対応をする。

戦闘など歴史の〝トリビアル〟な部分は司馬氏の権威で済ませる。じつは利用であるから賛美の必要も生じる。本書でも指摘したが、すでに事実としては成立しないことが平然と書かれ、論の根拠となる。史実を飛ばして歴史を「論」ずる歴史研究者とは何なのか。主流メディアのなかで主張・おしゃべりは一見盛んながら、前提となる「事実」が貧弱であるのと同根の現象である。じつに饒舌な「論」者もいる。

もう一つ見下しが生じた理由は、戦後の平和志向のなかで（わたしは護憲派である）、平和を掲げた研究は進歩的だが、軍史は反動だという浅薄な観念が支配したことだ。平和のためにこそ軍史・戦闘史も必要なのである。まさにわたしが本書を書いた最終的な理由である。自認正統派の視線は、ちょうど背広組の制服組へのそれとパラレルであった。

ただ、軍史の側にも学問としての甘さは否定し得ない。まず、日本にはもともと「軍史」（とりあえずここでは海軍史）がなかったという自覚が必要だろう。最も重大な史料（『極秘戦史』）

が完璧に隠蔽されたのだから、成立の仕様がない。基軸の学問もなく、あの大戦争に突入していったお国柄である。むろん戦争するために学問があるわけではないが（ノーベルのダイナマイトのように学問には二面性がある）、合理精神と客観主義が完全に欠落していた。その自省から戦後のその学問が出発したのかどうか。超一級史料への取り組み方を見ても、史料扱いの基本においても疑問を感じざるを得なかった（自認アカデミズム派にも見られることだが）。戦争がなお重要なテーマである現代において、それを批判的に分析できる本当の専門家がいてもらわなくては困るのである。

『坂の上の雲』現象とは、東郷平八郎で保《も》たなくなった神話を虚像の秋山真之で延命を図るところに本質がある。秋山にしても丁字戦法に絡めて自己の名が記憶されることぐらいは望んだにしろ、それ以上の深追いは迷惑だろう（現象究明上やむなくわたしはそこに踏み込んだが）。いまもし草場の陰の秋山をして現況を知らしめば恐懼して身の置くところを知らずではないか。呼び戻すべきは水野廣徳である。秋山もって瞑すべし。

本書と前著（『日本海海戦とメディア』）と、本来意図せざる副産物が二つ先に出来てしまった。日暮れて道遠しだが、本産物に向けてとぼとぼと歩いて行く。持続する露子の精神が仄かにでも足元を照らす光源となってくれればいいと思う。

本書の出版に当たり、論創社の森下紀夫氏の適切なアドバイスと多大な尽力を賜った。記して感謝の意を表したい。

本稿の最終直しのときに東日本大震災が起こった。惨状に心が痛む。人災である原子力発電所の事故報道からは例の宿痾の相が浮かび上がり、いきどおりを覚える。

二〇一一年三月

木村　勲

【参考文献】

海軍軍令部編『極秘・明治三七八年海戦史』（防衛省防衛研究所図書館蔵）
同『明治三十七八年海戦史　上・下』（一九三四年再版、内閣印刷局朝陽会）
中村政則『「坂の上の雲」と司馬史観』（二〇〇九年、岩波書店）
野村実『日本海海戦の真実』（一九九九年、講談社現代新書）
『山梨勝之進先生遺芳録』（記念出版委員会、一九六八年）
菊田愼典『「坂の上の雲」の真実』（光人社、二〇〇四年）
同『東郷平八郎――失われた五分間の真実』（光人社、二〇〇五年）
『謙譲の人――海将山屋他人の足跡』（二〇〇三年、枝栄会）
田中宏巳『東郷平八郎』（ちくま新書、一九九九年）
同『秋山真之』（吉川弘文館、二〇〇四年）
佐藤国男『東郷平八郎・元帥の晩年』（朝日新聞社、一九九〇年）
秋山真之『軍談』（実業之日本社、一九一七年）

須田瀧雄『岡田武松伝』（岩波書店、一九六八年）
半藤一利・戸高一成『日本海海戦かく勝てり』（ＰＨＰ研究所、二〇〇四年）
電波管理委員会編『日本無線史』第十巻（一九五一年）
松田秀太郎編著『世界的偉人・秋山真之将軍』（向井書店、一九三一年）
秋山真之会編『秋山真之』（秋山真之会・櫻井真清、一九三三年）
同『提督秋山真之』（岩波書店、一九三四年）
中川繁丑『元帥嶋村速雄伝』（双文館、一九三三年）
小笠原長生『日露戦争・軍事談片』（春陽堂、一九〇五年）
佐藤鉄太郎『大日本海戦史談』（三笠保存会、一九三〇年）
デニス・ペギー・ウォーナー『日露戦争全史』（妹尾作太男・三谷庸雄訳、時事通信社、一九七八年）
水野廣徳『此一戦』（博文館、一九一一年：本書では江藤淳ら編『戦争文学全集第一巻』毎日新聞社、一九七二年によった）
島田謹二解題『反骨の軍人・水野広徳』（経済往来社、一九七八年：本書では「自伝」という表記もした）
粟屋憲太郎ほか編『水野廣徳著作集第一～八巻』（雄山閣出版、一九九五年）
大内信也『帝国主義日本にＮＯと言った軍人・水野廣徳』（雄山閣出版、一九九七年）

曽我部泰三郎『二十世紀の平和論者・海軍大佐水野廣徳』（元就出版、二〇〇四年）
エリック・ホブズボウム『創られた伝統』（前川啓治・梶原景昭訳、紀伊国屋書店、一九九二年）
ダニエル・ブーアスティン『幻影《イメジ》の時代――マスコミが製造する事実』（星野郁美・後藤和彦訳、東京創元社、一九六四年）
桂英史『司馬遼太郎をなぜ読むか』（新書館、一九九九年）
島田謹二『ロシヤにおける広瀬武夫』（弘文堂、一九六一年：七〇年に朝日新聞社から再刊、七六年に朝日選書の上下二冊で再々刊）
同『アメリカにおける秋山真之』（朝日新聞社、一九六九年）
高秉雲『近代朝鮮租界史の研究』（雄山閣出版、一九八七年）
竹国友康『ある日韓歴史の旅――鎮海の桜』（朝日新聞社、一九九九年）
中塚明『司馬遼太郎の歴史観――その「朝鮮観」と「明治栄光論」を問う』（高文研、二〇〇九年）
中塚・安川寿之輔・醍醐聰『「坂の上の雲」の歴史認識を問う――日清戦争の虚構と真実』（高文研、二〇一〇年）
松本和男『評伝・石上露子』（中央公論新社、二〇〇〇年）
松本編『論集・石上露子』（中央公論新社、二〇〇二年）

松村緑編『石上露子集』（中公文庫、一九九四年）
宮本正章『石上露子百歌』（竹林館、二〇〇九年）
碓田のぼる『石上露子が生涯をかけた恋人・長田正平――その生涯と作品』（光陽出版社、二〇一〇年）
中村稔『司馬遼太郎を読む』（青土社、二〇〇九年）
丸山真男『増補版・現代政治の思想と行動』（未来社、一九六四年）
木村勲『日本海海戦とメディア――秋山真之神話批判』（講談社選書メチエ、二〇〇六年）

吉田昭彦「日本海海戦における通信」（『軍事史学』通巻第六五号、一九八一年六月）
野村実「日本海海戦直前の密封命令」（『軍事史学』通巻第六九号、一九八二年六月）
福井雄三「『坂の上の雲』に描かれなかった戦争の現実」：『中央公論』二〇〇四年二月号
島田謹二「秋山真之の兵学思想――ロシヤ戦争前夜の日本海軍の戦法」：『講座比較文学5　西洋の衝撃と日本』所収（東京大学出版会、一九七三年）
同「明治ナショナリズムの文学」：『講座近代思想史9　日本における西洋近代思想の受容』所収（弘文堂、一九五九年）
半藤一利「ついに著さなかった『勝利が招く狂気』」：半藤・山折哲雄ほか『司馬遼太郎がゆく』所収

（プレジデント社、二〇〇一年）
戸高一成「日本海海戦に丁字戦法はなかった」：『中央公論』一九九一年六月号
同インタビュー「『極秘明治三七・八年海戦史』に見る日本海海戦の真実」：「21世紀『坂の上の雲』」読本（洋泉社MOOK、二〇〇九年一二月）
田中宏巳「日本海海戦のT字戦法は幻の戦法だった」：「歴史群像シリーズ24　日露戦争」（学研、一九九一年六月）
同「「丁字戦法」はなぜ日本海海戦の「主役」になったのか」：「山川MOOK第2弾『坂の上の雲』と日露戦争」（山川出版、二〇〇九年一二月）
同「秋山真之　日本海軍にあって常に先を見続けた戦術・戦略の天才」：『別冊歴史読本48『坂の上の雲』への招待』（新人物往来社、二〇〇九年一一月）
同「『軍神製造』演出ノート・書かれざる戦史　小笠原長生日記」：『新潮45』一九八五年五月号
佐藤繁雄「若き戦車兵だった司馬遼太郎と私」（如水会大阪支部講演原稿、二〇一〇年九月）
木村勲「明星ロマン主義に見る国民国家意識――『君死にたまふこと勿れ』を中心に」：比較法史学会編『Historia Juris　比較法史研究――思想・制度・社会』第13号所収（未来社、二〇〇五年）

【ら・わ　行】

【は　行】

【ま　行】

【や　行】

【さ　行】

【た　行】

【な　行】

人名索引

木村 勲（きむら・いさお）
1943年、静岡県生まれ。一橋大学社会学部卒、同大学院社会学研究科修士課程修了。朝日新聞学芸部記者（近現代史・近代文学担当）を経て、現在、神戸松蔭女子学院大学文学部総合文芸学科教授。専攻は日本近代思想史・メディア論。
著書に『風景ゆめうつつ——人々の都市物語』（文芸社）、『日本海海戦とメディア——秋山真之神話批判』（講談社選書メチエ）、共著に『歴史のなかの国家と宗教——Historia Juris 比較法史研究：思想・制度・社会 16号』（比較法史学会編、未来社）など。

『坂の上の雲』の幻影
——“天才”秋山は存在しなかった

2011年7月25日　初版第１刷印刷
2011年7月30日　初版第１刷発行

著　者　木村勲
発行人　森下紀夫
発行所　論創社
東京都千代田区神田神保町 2-23　北井ビル
tel. 03（3264）5254　fax. 03（3264）5232　http://www.ronso.co.jp/
振替口座　00160-1-155266
印刷・製本　中央精版印刷
ISBN978-4-8460-0844-4　